つい入りたくなるお店が
やっている

手書き

店頭ボードの描き方・作り方

中村 心

はじめに

「助けてほしい」

きっかけは、私の大好きな親友の一言でした。


彼女は一昨年より長年の夢をかなえ、バーを始めました。

彼女が作るカクテルはすばらしく、最初は順調にファンを獲得していったのですが、低価格をウリにしたチェーン系バーが近くに進出したことで、お客様が激減してしまいました。

学校を卒業してから、ずっと下積みを重ねてコツコツと貯金し、やっとオープンできたお店です。

絶対にお店をたたませたくない！

私は、とにかくチラシやホームページを作ってみたら、と提案しました。しかし、彼女にも私にも出せるお金はほとんどなく、自分たちでホームページを作れるパソコン技術もありません。


お金・知識がなくても、今すぐお客様を呼び寄せられる方法はないのか？


そんなことを考えながら歩いているとき、目にとまったのが、店頭でうずくまっている店員さんでした。店頭に置かれたボードに、一生懸命文字を書いているところでした。

その瞬間、私はひらめきました！


店頭に置くボードなら100円ショップで購入できるし、専門知識や技術がなくても作れる！

そう気づいた私は、それから店頭の販促物に関する本を読みあさりました。

しかし、コンサルタントの先生が書いたものはプロに依頼する大掛かりな看板のお話がほとんどで、イマイチ共感できませんでした。

そもそも、実際にお店に来てくれるお客様はプロではなくふつうの人たちなのだから、ふつうのお客である私が入りたくなるようなボードを作ればよいのではないか。これが始まりでした。

それからは実際に街中を歩き、**「お客様が入りたくなる店頭ボード」**についての調査を始めました。毎日毎日、多くの店を回り、写真を撮りました。1万枚以上のボード写真がたまってきた頃、ふと繁盛店・人気店には共通のルールがあることに気づいたのです。

成功している人に共通するルールがあるのと同じように、人が引き付けられる店頭ボードにも共通のルールがある。私は、これを親友に説明できるように体系化してみました。その結果、編み出されたのが、本書で解説する**店頭ボードを使いたおすための7つの戦略**や**他店に差をつける18のアイディア**です。

アイディアを盛り込んだ店頭ボードを使いはじめた親友のお店は、目に見えて盛り返していき、笑顔も戻ってきました。いまは新規客を引き寄せ、リピート客も離さない、安定したお店になりました。

これらのノウハウをあなたのお店でも活かし、さらに繁盛してほしい……そう願ってこの本を書きました。ぜひ、実践してみてください。

２０１１年　２月

中村　心

Contents

つい入りたくなるお店がやっている
店頭手書きボードの描き方・作り方

CHAPTER 5

店長がやるべき店頭ボード7つの戦略

CHAPTER 6

威力を3倍にする18のアイディア

■カバー・本文デザイン
関根 康弘（T-Borne）
■本文イラスト
高村 あゆみ
■カバー撮影協力
café atabey（東京都千代田区）

街で見かけた〝スゴイ集客力〟をもつ店頭ボード

店頭ボードウォッチャーの私が思わず足を止めた、魅力的な作品を紹介します！

店頭ボードの基本！ピンポイント紹介とマメな更新

魚櫓魚櫓／東京都中央区

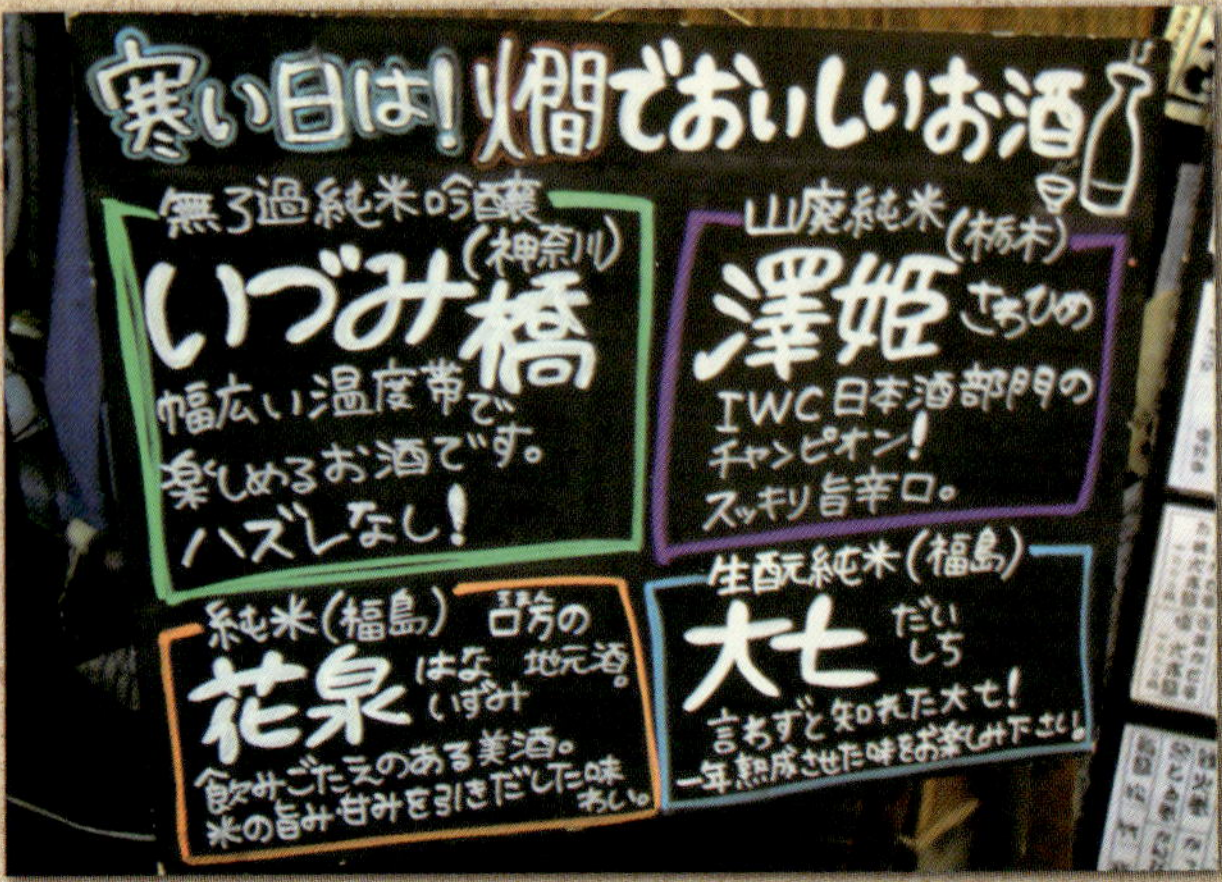

ボードでオススメ商品の紹介をするときには、どうしても「アレもコレも」と欲張ってしまいがちですが、このようにポイントを絞るようにしましょう。見やすくなる上、「そんなに推すなら試してみようかな」と思ってもらえる確率が増します。

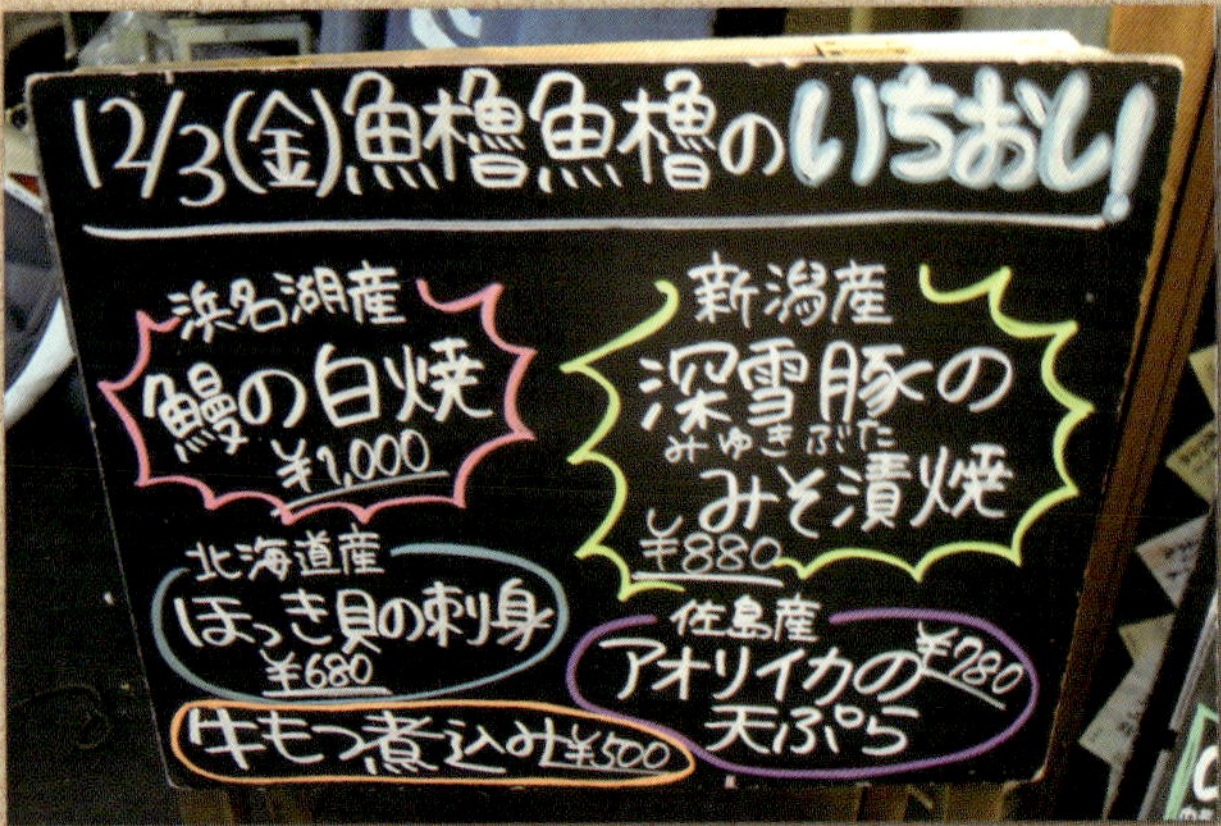

店頭ボードも鮮度が大切です。作りっぱなしで、いつも同じ内容では、風景に溶け込んでしまいます。日替わり・週替わりなど、マメな更新を心がけることで、いつでも注目してもらえる店頭ボードをめざしましょう。

黒板の達人が生む、お客様を引き寄せる店頭ボード

青山フラワーマーケット
飯田橋ラムラ店／東京都新宿区

こちらは夏に出されていた黒板です。店長さんによると、定期的に書き換えている黒板には、新作を楽しみにしているファンの方もいるのだとか。

右のボードが店頭、この写真のボードは店内に置かれていました。寒色系の色ばかり使ったボードが増えないよう、バランスを考えて制作されているのがよくわかりますね。

チョークのみで書いたとは思えないほどの力作。足を止めて見入っている通行人がたくさんいました。その圧倒的な作画力は大きな武器です。大体、1時間程度で書き上げているそうです。

店頭ボードで伝わるお客様への気配り

PRONTO 茅場町店／東京都中央区

ただ単に写真をボードに貼りつけるのではなく、"商品のウリ"や"おすすめポイント"など、ほんの一言でも、手書きのメッセージを書き足してあげると、訴求力が高まります。

手書きボードがもつ集客力を表している好例です。目的別のチラシと、予約状況や残り個数などを提示するボードとを併用。チラシ持ち帰り率や予約・問い合わせに大きな効果があります。

アイテム活用でさらに際立つ店頭ボード

靴専科　門前仲町店／東京都江東区

実物（ブーツ）展示は通行人の目を集める力があります。また、一目で、色や形・サイズの違い、効果などを伝えることができます。わざわざお金をかけなくても、お店の中には、必ずひとつや2つ、実物展示できるものがあるはずです。

テーブルクロスやA型看板に貼られている紅葉モチーフの飾りは、靴修理の過程で生じる切れ端や残りの革を利用。材料コストはほぼゼロですが、工夫ひとつでこんなに店頭が賑やかになります。

自店でクリーニングする前・後として、本物のブーツを展示しています。言葉で説明するよりも、はるかにその効果が伝わります。

店頭ボードを読んでもらうためには、商品・サービスにちなんだミニ知識や情報を提供するのも有効な手法です。お店の人にとっては常識でも、お客様にとっては「へぇそうなんだ」と興味を引かれる内容もあります。

競合店に勝つ!
自店のウリをボードで紹介

ドイツ居酒屋 JSレネップ／東京都千代田区

「豊富」「いろいろあります」という曖昧な言葉よりも、具体的な数字、多数の写真を用いるほうが、「そんなにたくさん種類があるんだ!」と、お客様に伝わりやすくなります。

お店の名物やウリは積極的にアピールを。特に、「当店だけ」「◎◎限定」というリミット・ワードは、お客様を引き寄せる威力があります。競合店が多い地域では、他店との違いを伝えることが、集客上の大きなポイントです。

オシャレに、そして味が伝わるコピーを!

SNOB'S HEART CAFE
東京都渋谷区

ボードは1ヶ所にまとめて置くだけでなく、ドアの両側に置くと、両方向から歩いてくるお客様へアピールできます。複数のボードを使う場合は、黒板ばかりだと店先が暗くなってしまうので、ホワイトボードなども上手に使い分けましょう。

“オーガニックコーヒー organic coffee” のように、日本語だけでなく、外国語でも表記してあげると、それだけで、オシャレな雰囲気を演出することができます。ぜひ、覚えておきたい手法ですね。

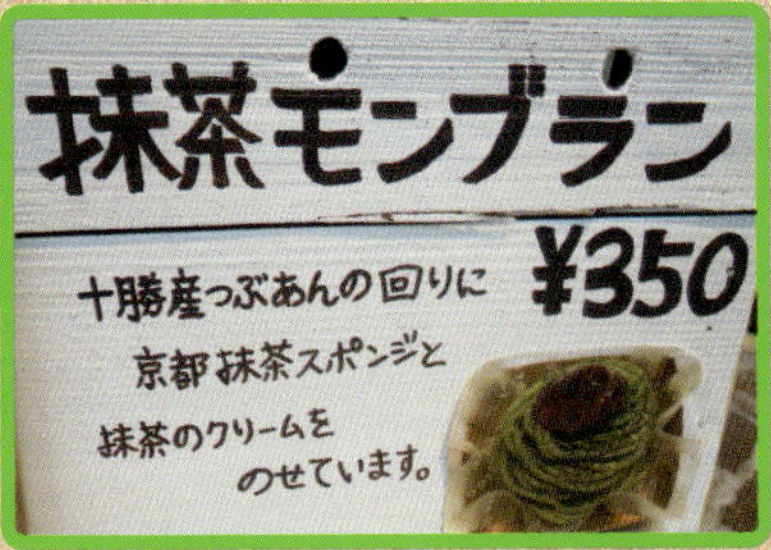

飲食店の場合、店頭ボードでいかにして「ヨダレを出させるか」が重要となってきます。そのためには、お客様が“食べた瞬間の味”を具体的に想像できるようなコピーを作りましょう。

見やすい！店頭ボードを書くポイント

1 効果を考えて材料をそろえる

材料は文具屋さんやホームセンターなどで購入できます。ナチュラル・ふんわりした雰囲気を出すならチョーク、遠くからでも目立つ華やかなボードならマーカー、というように目的によって材料を選びましょう。

❶ボード：チョーク用とマーカー用がある　❷チョーク：パステルや蛍光色などもある　❸マーカー：色数も芯幅も豊富　❹黒板消し：チョークを消すのに使用　❺ウェットタオル：チョーク・マーカーを消せる　❻ボード用のスプレー：しつこい筆記汚れも消せる　❼紙やすり：チョークの先を削る

2 文字はつぶれないようにゆっくりと書く

「あ」「な」など膨らみのある部分や、「長」などの線と線の間は、きちんとあけると読みやすくなります。

角ペンを使った明朝風の文字。ペン先の向きを変えずに、タテ線は太く、ヨコ線は細く書きます。

角ペンを使ったゴシック風の文字。書き順を気にせず、ペンを持ち換えて、常に芯幅の広い面を使って書きます。

細かい字用

太い字用

チョークの先は紙やすりで削ると、細かい字・太い文字が書きやすくなります。

角ペン

大きな字・太い字に最適。細かい字は丸ペンで。

3 メリハリをつけて字間・行間を詰めすぎない

同じサイズの文字ばかりにならないよう注意します。一行分の文字は字間を均等にし、行と行の間はあけるようにします。

大小の文字でメリハリをつける。

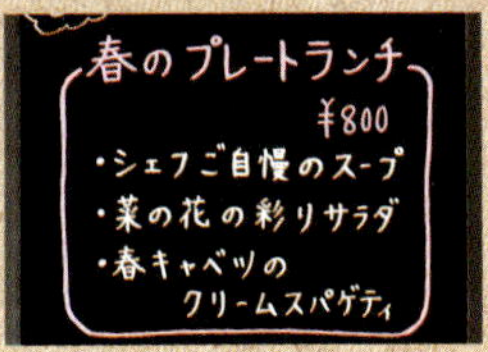

字と字、行と行がくっつきすぎないように書く。

× NG

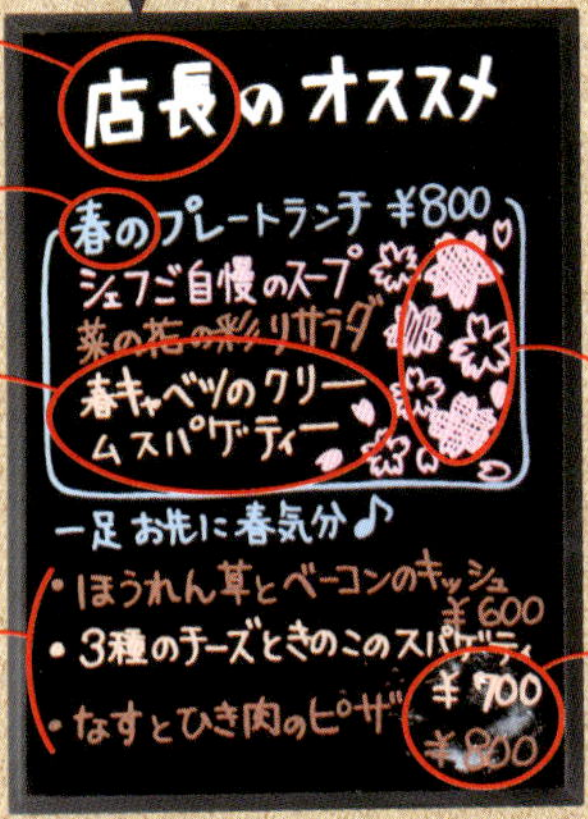

つぶれた文字

イメージに合わない色

改行は単語・文節ごとに

オススメが多すぎる

文字を読みにくくするイラスト

消し残しや汚れは絶対NG

4 使用する色は少なめに

イラストアートで勝負する場合をのぞき、色数は少ないほうが、読みやすいボードに仕上がります。また、季節や商品イメージに合った色を使うのもポイントです。

Good!

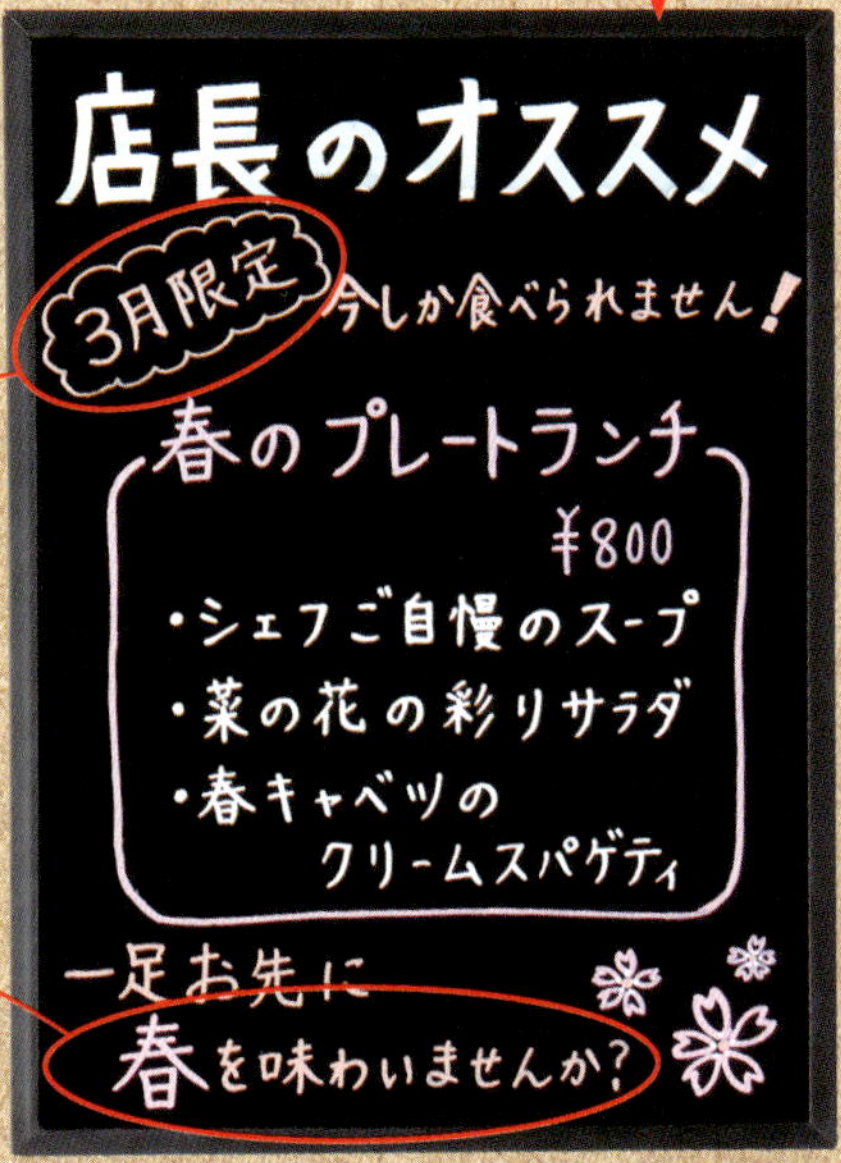

5 さらに読みやすい店頭ボードにするために

上のNG例は一見華やかですが、失敗しているポイントがたくさんあります。よい例、悪い例を見比べ、より読みやすいボード作りに活かしてください。

リミット・ワードで迷っているお客様の背中を後押し

話しかけるようなコピーで通行人の足を止める

1 商品・サービスにちなんだアイテムを使いこなす！

自店を象徴するアイテムを使うことで、「うちはこんなお店なんですよ！」という強力なアピールができます。材料費をかけなくても、アイディア次第でスゴイ引力をもった店頭ボードが作れます。

葱や平吉 深川ギャザリア店
東京都江東区

洋菓子 L'Oiseau Bleu
東京都江東区

沖縄料理 ちゅらさん家 門前仲町店
東京都江東区

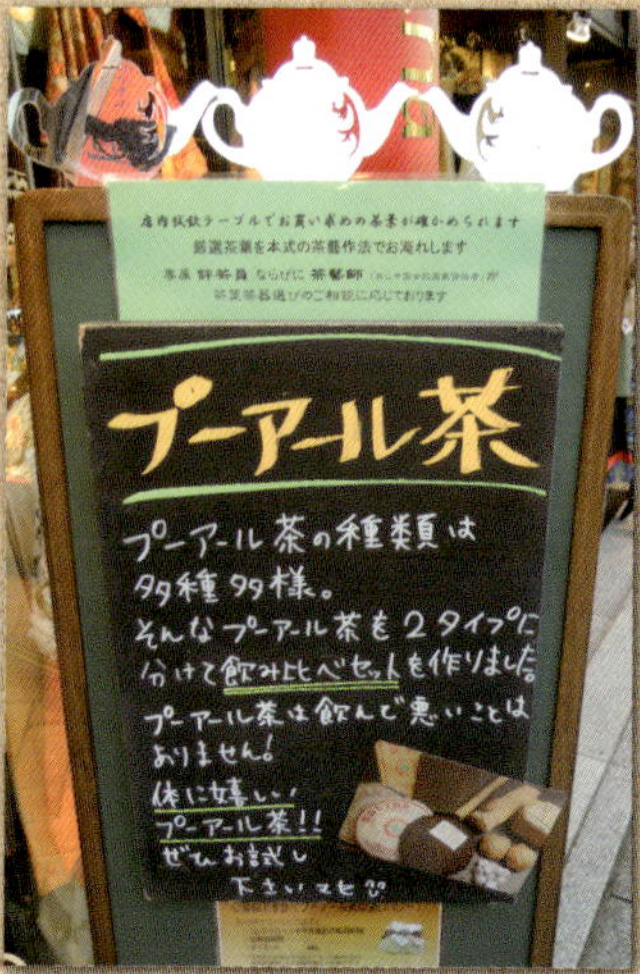

中国茶専家 遊茶
東京都渋谷区

築地すし鮮 総本店
東京都中央区

かねゑ越前屋
東京都江東区

BAR KAY
東京都江東区

大衆酒場 なんしゅう家
東京都千代田区

角打 山ちゃん
東京都中野区

La Fee Delice
東京都渋谷区

ご当地酒場 北海道八雲町／東京都中央区

九州 熱中屋 神田LIVE／東京都千代田区

2 プロもびっくり！センス抜群の店頭ボード！

街を歩いていると、「おっ、すごい」と、思わず足を止めて見入ってしまうアートな店頭ボードにたくさん出会えます。その中でも、特にレベルが高かったボードをご紹介します。ぜひ、参考にしてみてください！

THE BARKERY 白金台店
東京都港区

Tsunami Ebisu Tokyo
東京都渋谷区

café de 武
東京都渋谷区

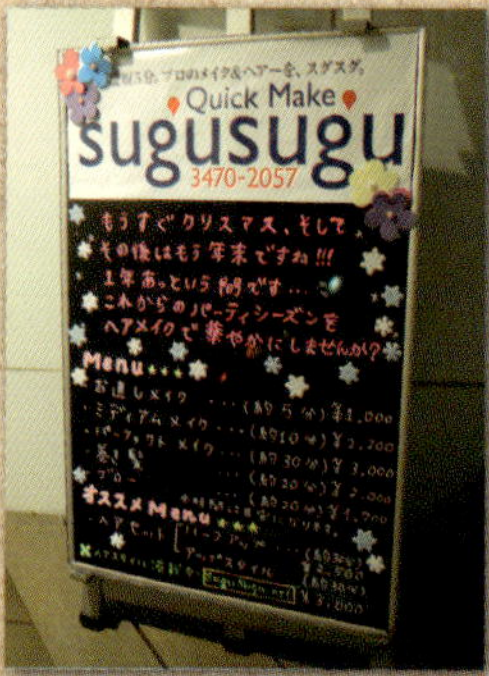

sugusugu
東京都渋谷区

おしおATARU店
東京都中央区

ラフィネ アメ横店
東京都台東区

3 お店の目玉&個性でお客様の心をガッチリ掴む！

お店には必ず、ロングセラー商品や人気サービス・独自のウリなどの目玉があるものです。それらを活用しないのはあまりにももったいない！　上手にアピールして、どんどんお客様を呼び込むボードを作りましょう。

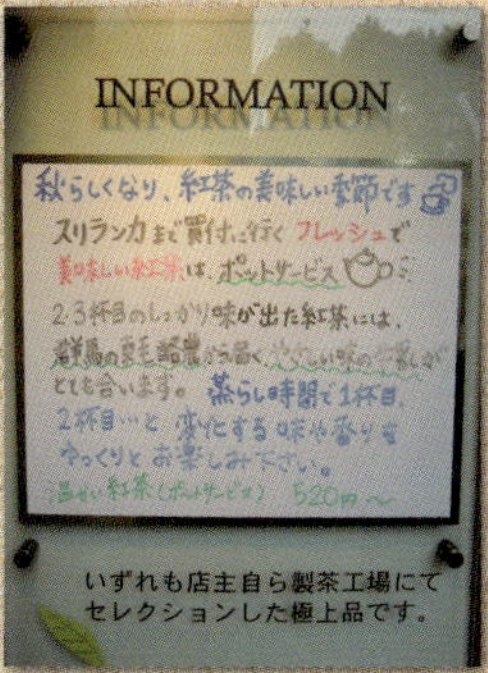

青山ティーファクトリー
東京都港区

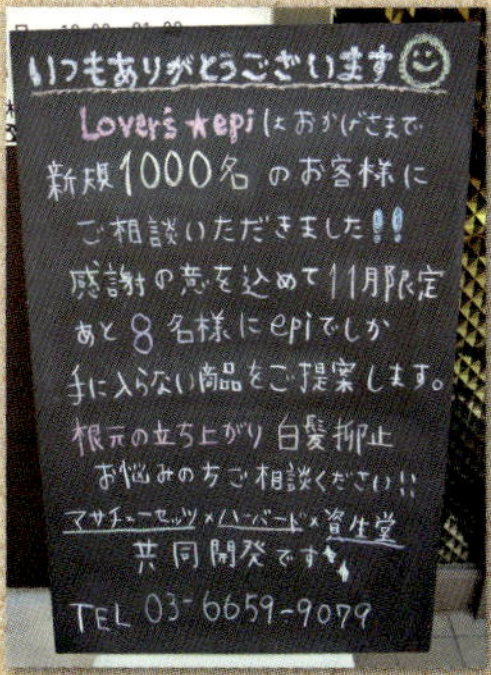

hair & make Lover's epi
東京都江東区

HEAT 渋谷店
東京都渋谷区

神田ラーメン わいず／東京都千代田区

4

「ちょっと一言」が入店の決定打！

店頭ボードでは、お店からの「ちょっとしたメッセージ」が、絶大な威力を発揮したりします。話しかけるような一言が、来店を迷っているお客様の背中を押すことって、意外と多いんですよ。あなたなら、お客様になんて話しかけますか？

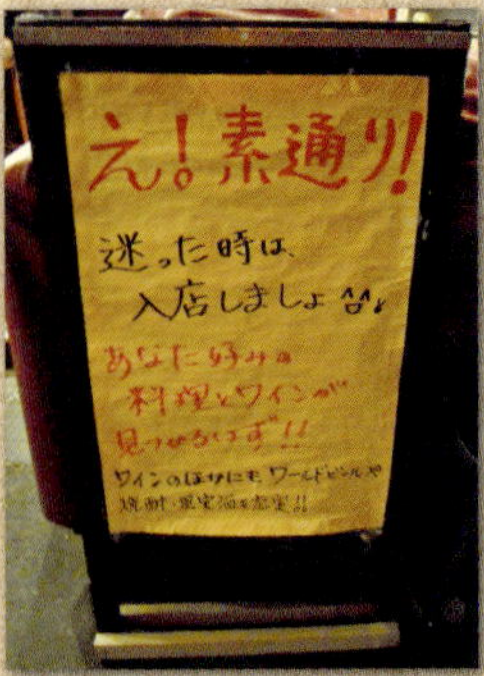

Mumbai Market
東京都中央区

遠山薬局
東京都江東区

九州 熱中屋 神田LIVE
東京都千代田区

La Fee Delice
東京都渋谷区

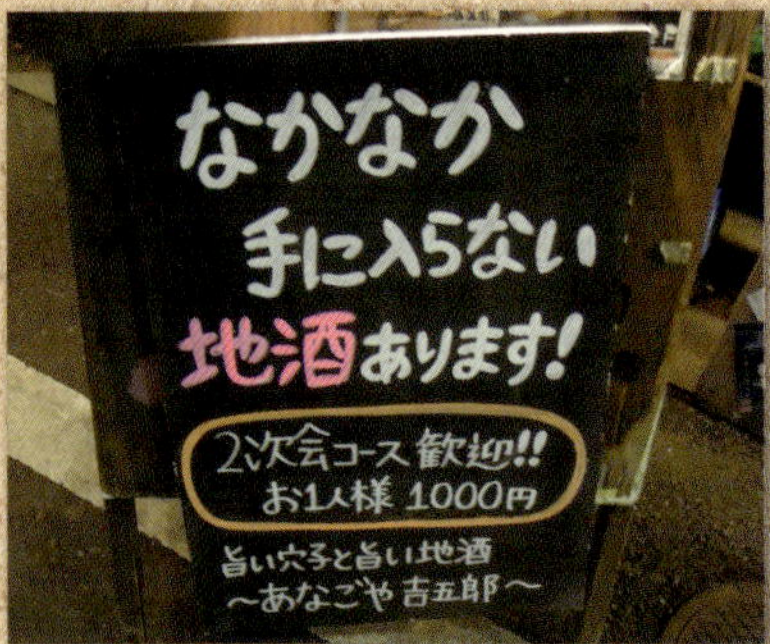

あなごや吉五郎／東京都中央区

珈琲スカイ／東京都豊島区

CHAPTER
1
店頭ボードの
威力を
見直しましょう

お客様が「入ってみたい」と感じるお店には、
必ずといってよいほど
“店頭ボード”が備えられています。
まずは、その知られざる威力について
ご紹介しましょう。

繁盛店には考え抜かれた店頭ボードがある！

ボードひとつで店頭の雰囲気が明るくなり、入店しやすくなりますね。
（左・La Farine／東京都港区　右・BISTRO jeujeu／東京都中央区）

街を歩くと、お店のおすすめ商品やラインナップを書いた店頭ボードをたくさん見かけます。飲食店はもちろん、花屋、アクセサリーショップ、ベーカリー、歯医者、エステ、美容院、雑貨屋……と、業種・規模を問わず、さまざまなお店の入口近くに置かれています。

なぜ、多くのお店・会社は、こぞって店頭ボードを出しているのでしょうか。

何もせず、ただ待っているだけで、その結果、毎日毎日お客様が集まってくださり、売上は右肩上がり……そうであれば、こんなに嬉しいことはありませんよね。

しかし、現実は違います。そんな夢のようなことが起こるのは、世界中の憧れを集める一流ブランドなど、ごくごく一部のお店だけでしょう。

たくさんのお客様に来てほしい！

もっともっと、売上を上げたい！
さらにお店のファンを増やして、安定した売上を確保したい！

店長さんなら誰もがこうした目標をもっているでしょう。
でも実際は、次のような悩みを抱えているのではないでしょうか。

- 広告・宣伝にかける**お金も時間もない**
- 効果的な販促物を作る**ノウハウがない**
- 通行人は多いのに、**新規客を開拓できない**
- 新規客ばかりで、**常連客が少ない**

店頭ボードには、こうした問題をすべて解決し、あなたのお店を〝お客様に選ばれやすい〟お店へと変身させる威力があります。言い換えれば、店頭ボードは、「このお店に入りたい」「このお店には入りたくない」とお客様に思わせてしまう影響力をもっているのです。

繁盛しているお店ほど、よく考え抜かれた店頭ボードを置いています。人気店の店長さんたちは、店頭ボードの優れた引力を活用するコツを知っているのです。

通りがかりの人を店内に導くのは“店頭ボード”!

割引やセールなどのお得情報が案内されていると、つい足を止めてしまいます。
(左・はんこスーパー八丁堀／東京都中央区　右・café atabey／東京都千代田区)

皆さんも、そのつもりはなかったのに、店頭ボードに引かれて思わず入店してしまった経験があると思います。

反対に、チラシやホームページで「よさそうなお店だな」と思って店頭まで行ってみたものの、ボードを見て、「このお店はちょっと違うかな？」と、入店意欲をなくしてしまったことはありませんか？

売れるチラシの書き方、凝ったホームページの作り方などがクローズアップされがちですが、実は、店頭ボードを軽視することは、多くのお客様を逃してしまっている可能性があります。

左㌻上図をご覧ください。

これは飲食店についてのアンケートですが、初めて利用するお店を選ぶときに「どうやって選んでいますか？」という問いに対し、「偶然通りかかり、気になったから入店した」と

Q あなたは飲食店をどうやって選んでいますか？（3つまで回答可※）

※初めて利用する店を選ぶ際に限る。1000円以下のランチは除く

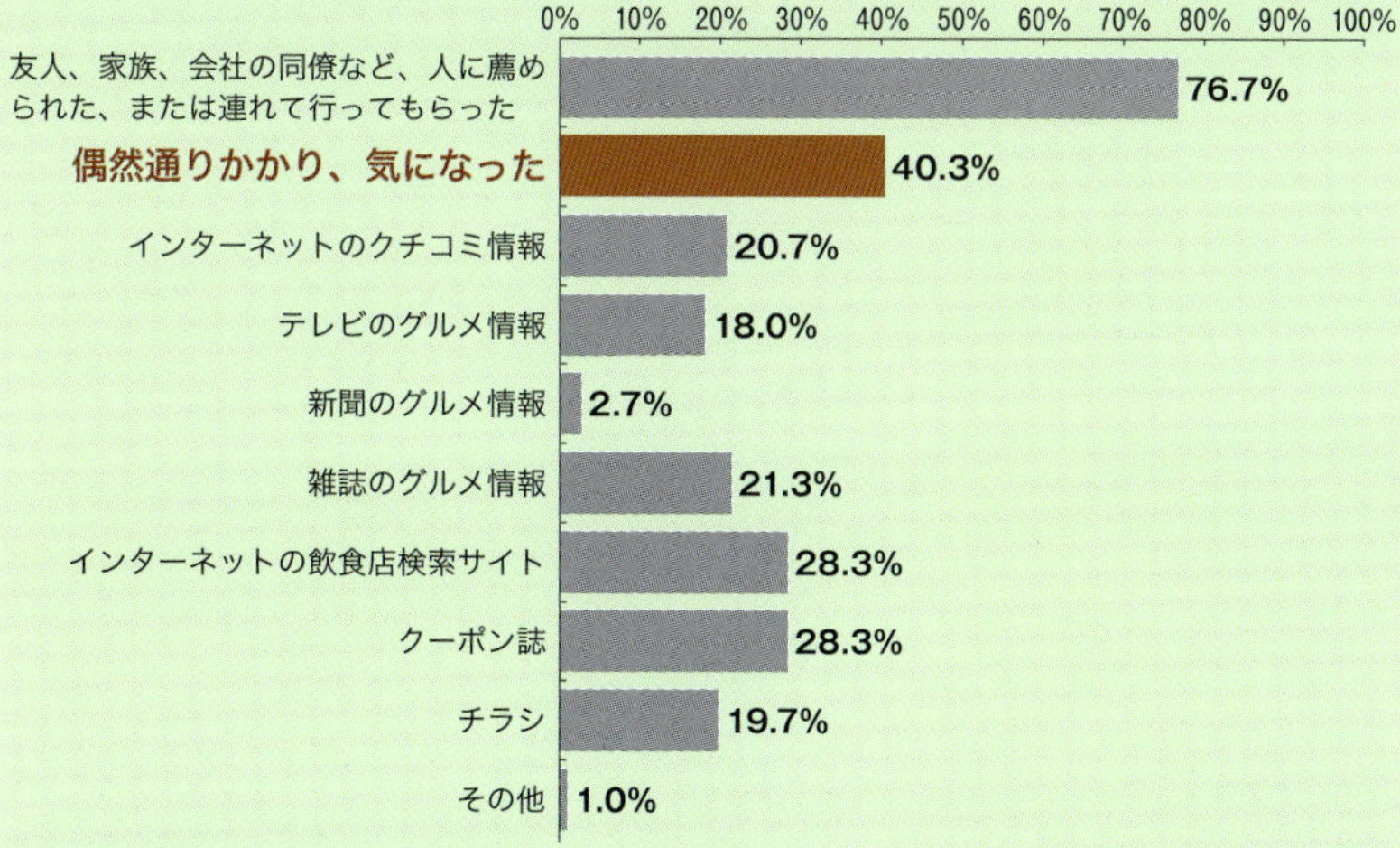
0% 10% 20% 30% 40% 50% 60% 70% 80% 90% 100%
友人、家族、会社の同僚など、人に薦められた、または連れて行ってもらった 76.7%
偶然通りかかり、気になった 40.3%
インターネットのクチコミ情報 20.7%
テレビのグルメ情報 18.0%
新聞のグルメ情報 2.7%
雑誌のグルメ情報 21.3%
インターネットの飲食店検索サイト 28.3%
クーポン誌 28.3%
チラシ 19.7%
その他 1.0%

●調査概要：お客がお客を呼ぶ店作り●調査主体＝日経レストラン編集部●調査期間＝2009年1月5日～6日●調査対象＝月に２回以上夜に外食をする20～69歳のインターネットユーザー300人（20代、30代、40代、50代、60代以上の男女各30人）●調査手法＝ヤフーバリューインサイトパネルを利用したインターネット調査

（出典：『日経レストラン』2009年2月号　P27から転載）

いう回答が、他の多くの販促物をおさえて2位につけています。

お店の前を通りがかった人の足を止めさせ、入店してみようかな、という気にさせるのは、あるいは雰囲気のある外観や、看板に書かれた店名かもしれません。

しかし、それらよりも多くの情報を盛り込める店頭ボードのほうが、お客様を引き寄せる確率ははるかに高いはずです。

深川名物 あさり風スイーツ
森下の大あさり
5個入900円
(税込945円)
森下のあさり寿せ

商品名の「あさり」にちなんだ海を連想させるべく、ボードを網でデコレートしているアイディアボード。
（L'Oiseau Bleu／東京都江東区）

“手作り”が、お客様の心を揺り動かす！

100％手作りでなくても、少しだけ“手作り感”をプラスすれば、さらに集客力のあるボードへ。
（左・ちゅらさん家 門前仲町店／東京都江東区　右・TORI TON／東京都江東区）

これから、さまざまな店頭ボードの実例とお客様を集めるための戦略を紹介していきます。

本来の、いわゆる「店頭ボード」とは、左図のように、「A型」「メニュースタンド」「イーゼル型」「スタンド型」「吊下げ型」などのことをいいます。しかし本書では、それらのボードだけでなく、「POP」や、「ポスター」、あるいはそれこそ店のドアに貼り出してある一枚の「A4サイズのビラ」でも、店の外に出して販促の役割を担わせているものは、すべて「店頭ボード」として扱っています。

ただ、看板制作業者やデザイナーなどプロの業者によって、デザイン・印刷されたものは、本書では基本的に触れません。

もし、プロが制作した店頭ボードを置けばお客様がドンドン集まって来る……というのであれば、世の中は繁盛店だらけのはずです。

●いろいろな店頭ボード

A型
イーゼル型
メニュースタンド
吊下げ型
スタンド型
☆本書ではこれらも店頭ボードとして扱います
この先すぐ

しかし、残念ながら違います。

皆さんも現状に不満があり、「何とかして、もう少しお客様に来てもらいたい」という思いを抱えているからこそ、この本を手に取られたのだと思います。

私は消費者の立場から、東京を中心に約5万店舗以上、飲食店だけでなく、各種小売店や美容院など、たくさんの店頭ボードをリサーチしました。その結論を一言でいうと、

思わず入りたくなる、目が行ってしまう店頭ボードは、99%が手作り

ということです。

もちろん、プロが制作したもので強く引かれるボードもありました。しかし、その場合は必ず、手書きのボードと併用していたり、どこかしらに〝手作りの匂い〟がプラスされたりしていました。

手作りのものに引かれるのはなぜでしょう。

それは、人は人から買いたいのであり、物や機械、店から買うのではないからです。これは、今後どんなにテクノロジーが進化しても変わることのない、人間の心理でしょう。

パソコン制作のチラシだけでなく、片隅にちょっとだけでも手書きのメッセージがあると、温かみが増します。
(左右とも・ジョリーキッチン／東京都江東区)

〝手作りの匂い〟は容易に演出することができます。それこそ、Ａ４サイズの紙一枚に、店長からのメッセージやちょっとしたお得情報の案内を書いて貼り付けるだけでもよいのです。そんなちょっとした人の匂いがあるかないかで、引き付ける力はまったく変わってきます。

また、自分で作ることで、これから述べる店頭ボードのメリットを存分に活用でき、お客様を集めることが可能になるのです。

紙を１枚、既存のボードに貼り付けるだけで、手作りの匂いがプラスされる好例です。
（左・かねゑ越前家／東京都江東区　右・佃宝／東京都豊島区）

さて、では再び質問します。

店頭ボードとは、一体、何でしょうか。

そんなの販促ツールに決まっているではないか、とお思いでしょう。確かに、店頭ボードは販促ツールのひとつですが、「単なる販促ツール」ではありません。その使い方次第では、あなたのお店をお客様が次々つめかける大繁盛店に変える、すごい力をもっているのです。

「店頭ボードは、店長の分身」と心得ましょう

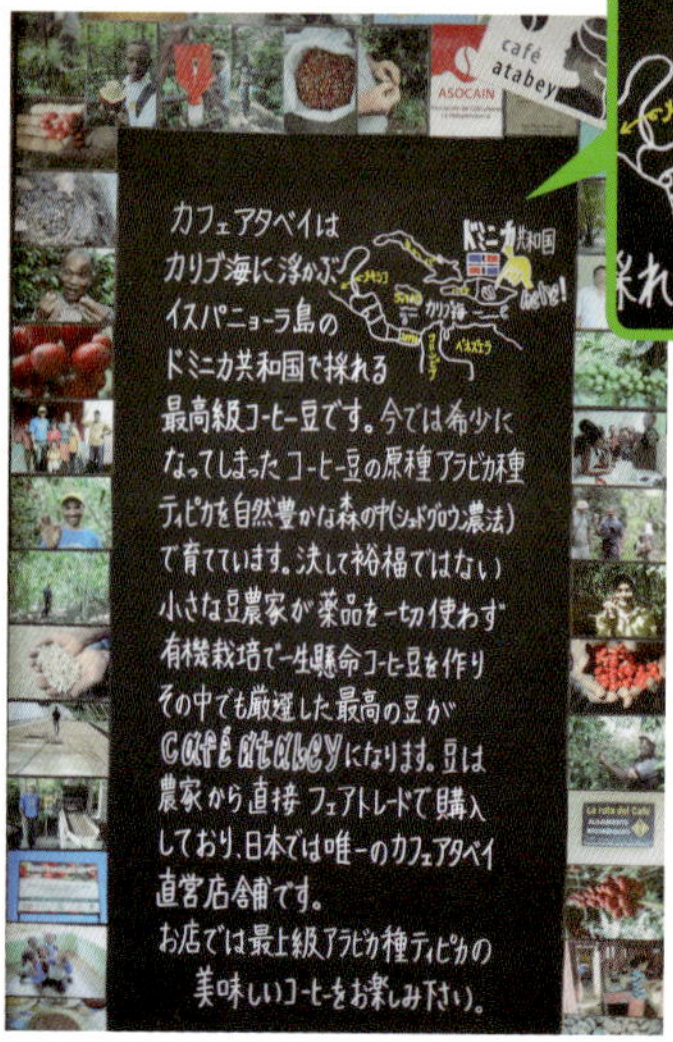

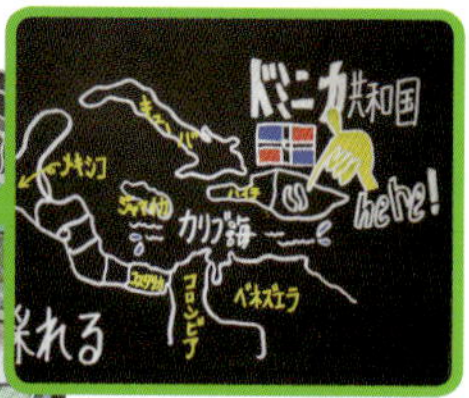

ボード全体に書かれたコーヒー豆に対するこだわりから、店長さんの情熱や心がけがひしひしと伝わります。1度飲んでみたいという気持ちになりますね。（左右・café atabey／東京都千代田区）

一般的な店頭ボードに関する本は、「どのような書体がいいか？」から始まり、文字サイズ、キャッチコピー、写真、イラスト、色使い、什器、設置場所などのノウハウを解説しているものがほとんどです。もちろん、これらは重要なノウハウですし、本書でも紹介します。

しかし、店頭ボードを考える上で、まずやるべきことは、美しい字を書くことでも、ひねったキャッチコピーを作ることでもありません。

まずそこに、お店の「戦略」や「情熱」、お客様への「想い」や「主張」、そして「夢」を込めることが重要なのです。

これらの「気持ち」とは、一体、誰が考えるものでしょうか。そして、お店のことを誰よりも愛しているのは誰でしょうか。

他ならぬ、「店長」「社長」「オーナー」の

はずです。

店長なら、どういう気持ちでお店を作ったかという「想い」や「情熱」があるはずですし、将来的にはこんなお店にしたい、という「夢」もあるでしょう。

店頭の販促物について書かれた本には、よく「看板や店頭ボードは、営業マン・販売員である」と記されています。

お客様を呼び込むという意味だけを切り取るのであれば、その通りです。

しかし、そういった認識である限り、「店頭ボードをとりあえず置いた」状態にしかなりません。これでは、ボードの能力を最大限、引き出すことはできないでしょう。

店頭ボードのメリットは、何といってもあなたのお店に対する「気持ち」やお客様への「想い」を、徹底して込めることができる点です。世界中で唯一、店長の戦略や想いを100％代弁してくれる存在になり得るのです。

つまり、**店頭ボード＝「店長の分身」**といえるのです。

そして、このように店長の「気持ち」を反映させた〝分身的店頭ボード〟こそが、お客様の心を掴むことができるのです。

本書では、店頭ボードのすごい能力を、最大限活用するための戦略についてご説明します。

しかし、読み進める前にまず、「店頭ボードは単なる販促ツール」という考えを、捨て去ってください。それが、本書で述べるさまざまな戦略を使いこなすための、最初のステップです。

店頭ボードは
お店の目標によって使い分ける！

どちらもとっても可愛くて、素敵な店頭ボードですが、内容をよく読んでみると、それぞれの戦略や考え方の違いに気づきます。
（左・Grandma's GEORGES／東京都渋谷区　右・La Farine／東京都港区）

私の家の近くに、雑誌のカフェ特集にほとんど毎回掲載される、人気のカフェがあります。このカフェはオープン当初は、掲載記事を店外の店頭ボードに貼り付け、道行く人にしっかりと見えるように掲げていました。

さて、オープンから4年経ち、すっかり人気店となった現在。このカフェは、いまだに多数の雑誌で紹介されています。けれど、店頭ボードでは『日替わりメニュー』の紹介のみをしています。

オープン当初は、とにかくお店の存在を知ってもらう必要があります。そんなときに、「雑誌に掲載されたお店」というのは、大きなアピールポイントになります。

しかし、近隣の人だけでなく、遠方からも人がつめかけるほどの人気店となったのですから、わざわざ「雑誌に掲載されたお店」という冠を掲げ続ける必要はないのです。

つまり、「とにかくお客様にお店の存在をアピールし、来店してもらう」というオープン当初の目標から、「獲得した常連さんを逃がさないために、日替わりメニューなど飽きがこない工夫を打ち出す」という方針に切り換えたのです。

その時々で、お店の目標や課題は変わります。

それはカフェに限った話ではありません。どんなお店でも、オープン直後の顧客がまだ少ない時期は、とにかくお店の存在や魅力を知ってもらい、まずは一度来ていただいて、利用・購入してもらうことが重要です。開店後しばらく経ち、新規客はいるけれどリピート客が少ないのが悩みであれば、お客様を飽きさせない方法を考えるべきです。

そこで、店頭ボードには、左下図のように、お客様にとって有益な情報を盛り込む必要があります。

今、お店はどういう状態なのか、もっとよくなるためには何をするべきなのか、そうした課題をきちんと把握し、以降で解説する戦略をどのように活用するかを練り、それに基づいたボードを作ってみてください。

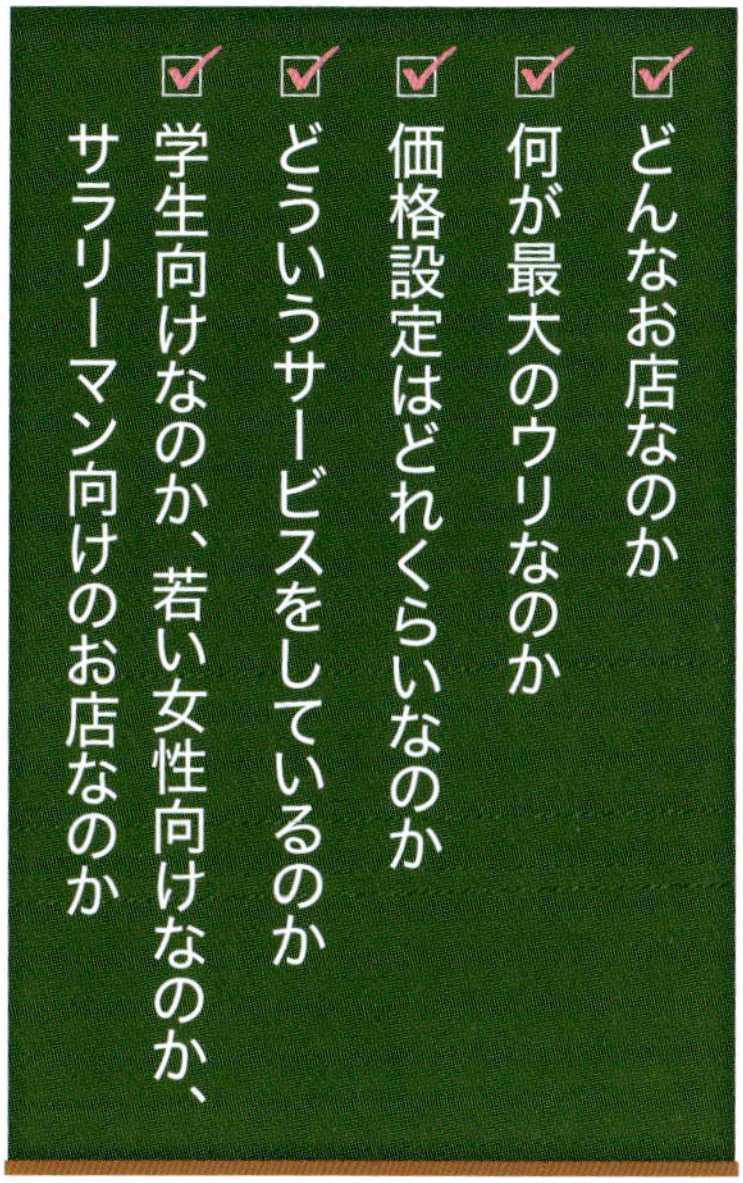
☑どんなお店なのか
☑何が最大のウリなのか
☑価格設定はどれくらいなのか
☑どういうサービスをしているのか
☑学生向けなのか、若い女性向けなのか、サラリーマン向けのお店なのか

COLUMN

「賑やか」「かわいい」だけじゃダメ

街中を歩いていると、店頭を飾るための「装飾物」にしかなっていないボードをたくさん見かけます。

例えば、カフェやレストランの店頭ボードには、すべてのメニューを外国語のみで書いたものがあります。通りすがりに「antipasto」「capellini」といったイタリア語が書かれた店頭ボードを見て、「おいしそう」「このお店に入りたい」と思ってもらえるでしょうか。

もちろん、「オシャレ」「かわいい」といった、お店の雰囲気を店頭ボードで、演出することも重要です。

しかし、それだけでお客様が集まってくるのは、知名度や人気がずば抜けて高い、ほんの一部のお店だけでしょう。

他にも、「賑やかさの演出」だけに留まっている店頭ボードが数多くあります。ぎっしりと隙間なく書かれたボード、何色ものペンを使ったボードは確かに賑やかですが、お客様の心に響く内容でなければ販促物としての役割は果たせません。

店頭ボードにはお客様を来店させる威力があるのに、ただの「飾り」で終わってしまっては、もったいないと思いませんか。

CHAPTER 2

店頭ボードをフル活用する10のメリット

ツールを使いこなして、
最大限の効果を上げるためには、
そのメリットを十分に知っておく必要があります。
ここでは、店頭ボードがもつ
10のメリットを見ていきましょう。

店頭ボードのメリット

1 目の前のお客様の心をがっちり掴む力がある

お客様の衝動を誘う店頭ボード

まず、店頭ボードの特長として挙げたいのが、「即効性のアピール力」です。

店頭ボードは、店の前を通りかかった人すべてを、即座に自店のお客様に変える力を秘めています。別の言い方をすると、衝動買い・衝動来店を誘う力があるのです。

新聞の折込広告や郵送DMの場合、お客様は案内を受けとった後、お店まで足を運ぶ必要があります。そうなると、来店するまでに「突然、面倒になってしまった」「他にもっと興味を引かれるお店を見つけてしまった」など、さまざまなハードルが生じます。

しかし、店頭ボードの場合は、お客様がボードを見てから来店するまでの障害が何もありません。お客様に「ちょっと見てみようかな」という気を起こさせれば、簡単に来店してくれるのです。

「店内までのあと一歩」を後押し

例えば、クーラーの効いた自宅で、「快適な空間で、疲れを取っていきませんか？　今ならマッサージが50％オフ！」というマッサージ店の折込広告を見たとしても、あまり引かれません。しかし、炎天下の中、汗だくになって歩き回っているときに、同じ内容の店頭ボードを発見したら……思わず吸い込まれてしまいませんか。

店頭ボードは、その場にいない人にアピールすることはできません。けれど、チラシやDMのように、衣食住がそろった室内で見られる機会が多い販促ツールよりも、たったワンフレーズが絶大な力を発揮することがあるのです。

店頭ボードのメリット

2 ジワジワ・しつこくアピールできる

「そういえば」の瞬間をのんびり待てる

前述の即効性と矛盾しているようにも思えますが、店頭ボードには「遅効性のアピール力」もあります。

あるオフィス街の居酒屋では、店頭ボードに大きく「毎日、昼間15時から営業中！」と書いてあります。

この居酒屋は大通りに面していて、朝夕、多くのビジネスマンやビジネスウーマンが、店の前を行き交います。

例えば、居酒屋の前を通勤しているビジネスマンが、最初にこの店頭ボードを見たときは、「へぇ、

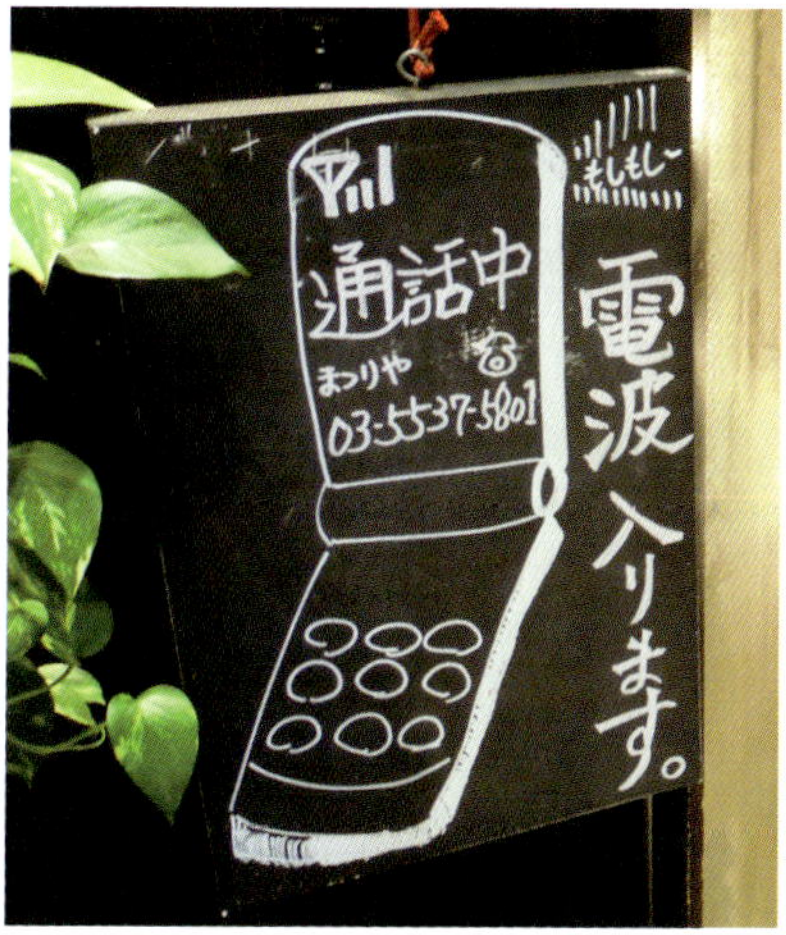

「そういえばあそこに電波が入るお店があったな」と、記憶してもらうことが大切なのです。
（祭や／東京都中央区）

店頭ボードを発見したその当日に、来店してもらう必要はありません。
（ドイツ居酒屋 JSレネップ／東京都千代田区）

このお店は昼間から飲めるのか」という印象をもつだけでしょう。「よし、今日は仕事を早退してあの店で飲もう！」ということには、なかなかなりません。

しかし、ビジネスマンの頭には、「あそこに昼の3時から飲めるお店がある」とインプットされると思います。それから毎日、そのお店の前を通るたびに、無意識にその店頭ボードが視界に入り、ジワジワと、「昼間から飲める店」という認識が積み重なっていきます。

そして、たまたま新しい取引先との商談が成功し、「ちょっと時間が早いですが、祝杯をあげに行きましょうよ！」となったとします。

一般に居酒屋は17時くらいからの営業です。行きつけのお店がまだ開いていない、困った……というときに、「そういえば昼間から飲める店がある！」と、脳裏に思い浮かべてもらえるチャンスがやってくるのです。

しつこいのに嫌われないボードの威力

電話や街頭での勧誘は、度が過ぎると嫌がられることがあります。DMやチラシは興味がなければ、すぐにゴミ箱行きとなってしまいます。

しかし店頭ボードの場合、お店側が望むだけずっとアピールし続けることができます。

ただし、この「遅効性のアピール力」を活用するには、独自性を前面に押し出す必要があります。いくらジワジワとアピールする力があるといっても、印象に残らなければまったく意味がありません。

前述の居酒屋の場合、15時と午後早くから開店している独自性があるから、「へぇ」と目を引き、お客様の記憶に残るのです。

あなたのお店でも、何か特別なアピールポイントがないか、考えてみましょう。

店頭ボードのメリット

3 予算500円以下で24時間フル稼働する！

低コストですぐに設置可能

店頭ボードは、どんなに高級なものでも、５万円を超えることはそうそうありません。

そもそも、わざわざ専用の什器を買わなくても、店頭ボードは作れます。

あるラーメン店では、入口ドアの横に1メートルほどの机を設置。その上に、岡持ち（ラーメンの出前箱）を置き、そこにメニューを書いたホワイトボードを立てかけていました。

岡持ちは元々、所有していたものでしょうし、ホワイトボードは１００円均一ショップでも売られています。つまり、工夫次第ではたった１００円の実質コストで、店頭ボードを作ることもできるのです。

高価な店頭ボードを置いたからといって、お客様をたくさん集められるとは限りません。

それよりも、そのお店ならではのアイテムを活用したり、お客様の心に響く内容を書くことのほうが重要です。ちなみに、岡持ちを店頭ボードとして飾ることで、「出前もやっています」という告知にもつながりますので、この場合は一石二鳥といえます。

お金をかけなくても、こんなに面白くて、目立つ店頭ボードが作れるんです。
（某ラーメン店／東京都千代田区）

他にも、ある海鮮がウリの居酒屋では、発泡スチロールの箱を店頭に積み上げ、そこに手書きの紙チラシを貼り付けていました。

発泡スチロールの箱には「冷蔵品」のシールが貼られたままになっていて、「きっと魚が入っていたんだろう」「漁港からの直送なのかな」などと連想させ、新鮮な魚介類のイメージを強く印象づけていました。

また、ある和食料理屋では、よくある白いA4サイズのコピー用紙に「本日のおすすめメニュー」を手書きし、クリアファイルに入れて、店頭ボードとしていました。極端な話、コピー用紙でも店頭ボードとして活用できるのです。

本日のおすすめメニューは、毎日変わります。コピー用紙なら、毎日書き換えても惜しくありません。

このように、アイディアさえ絞り出せば、驚くほど低コストで店頭ボードを作ることができます。

店頭ボードのメリット

④ 好きな形・色・大きさで作れる

スタイルの制約はゼロ!

4つめのメリットは、制作の自由度の高さです。店頭ボードは、さまざまな素材を使って、立体での制作が可能な販促ツールです。自分が望むものを、そのまま形にすることができます。

これに対して、DMやチラシといった紙媒体や、ホームページなどは基本的に平面です。FAXDMにいたってはモノクロですから、さらに自由度は低くなります。

また、店頭ボードはフリーペーパーや新聞広告と違い、サイズや枠の規定、フォーマットの指定がありません。通行人の邪魔になるようなものはいけませんが、自店のテリトリー内であれば、どんな形や大きさで制作しようと自由です。

つまり、店頭ボードは立体で制作ができる上、規定も一切ない、現時点で唯一の販促ツールだといえるでしょう。

「図工の時間」気分で作れる！

あるフラワーアレンジメント教室では、フラワーアレンジメントの実物作品を飾り、ハガキサイズの紙を鉢に貼って、「レッスン受付中」のお知らせをしていました。

このように自店を象徴するような小道具を店頭ボードとして活用する例は、時折見かけます。あるたこ焼き屋さんでは店頭ボードにたこの人形をくくり付け、鉄板焼きのお店では店頭ボードにミニサイズの鉄板を貼り付けていました。

もちろん、インターネット上のホームページや折込チラシにも、ユニークで技巧を凝らしたものはあります。しかし、どちらの制作にも、それなりの知識とソフトを使いこなすテクニックが必要になり、費用もかかります。

それに比べて、店頭ボードの制作は子どもの頃に誰もがやった粘土遊びやお絵描き、図工の授業と一緒です。

必要なのは、〝これを伝えたい〟という「強い想い」「手」「アイディア」の3つ。それさえあれば、簡単に制作でき、なおかつ、お客様に大きなインパクトを与える店頭ボードを作れるのです。

自由な発想で、楽しみながら作ってみましょう。
(舎肉菜／東京都千代田区)

店頭ボードのメリット

5 臨機応変、瞬時に内容を変えられる

テレビ番組も即行で利用

突然ですが、「シロコロ」をご存知ですか。

ホルモン焼きの一種で、神奈川県厚木市のご当地グルメのひとつです。

一般的なホルモンが腸を割いて平たく薄い状態にしているのに対し、シロコロは管状のままのため、焼くとコロコロと丸まるので、「シロコロ」と呼ぶのだそうです。

私は、お昼の番組でシロコロの存在を知ったのですが、その日の夜、近所の居酒屋の前を通りがかったら、「今、話題のシロコロ入荷しました!」と書かれた店頭ボードを発見。昼からずっと気になっていたシロコロの響きに引かれて、そのままお店に入店してしまったのはいうまでもありません。

おそらく店長さんもその番組を見ていて、仕入れていたシロコロを前面にアピールした店頭ボードに書き換えたのでしょう。

「常にタイムリー」がお客様を引き寄せる

店頭ボードは、天候や時事ネタ、急なメディア掲載など、突発的なできごとに対し、臨機応変にその内容を変えることができます。その瞬間に、もっとも集客に効果的な内容を盛り込んで作れるのです。

クリスマスや正月、ひな祭り、卒・入学式などは、あらかじめ日にちが決まっています。しかし、自店でも扱っている商品がテレビで紹介されたり、喉を潤したくなる猛暑日になることなどは、事前にはわかりません。

冬になると、スーパーマーケットの折込広告では、よく鍋料理のレシピを掲載しています。寒く

なった↓鍋で温まろう↓それに使用する食材はぜひうちで買ってくださいね、というわけです。

けれど、もしチラシが折り込まれた日が、冬としては異常に暖かい日だったら……。やはり気温の低いときに比べると、反応は半減するでしょう。

しかし、店頭ボードならば、すぐに内容を書き換えることができます。

書き直さずとも、コピー用紙にでもサッと時事に即したメッセージを書き、店頭ボードの上に貼り付けるだけでもよいのです。

雪がちらつく極寒の日ならば、「雪降る日だからこそ、ホットワインで温まっていきませんか?」というメッセージを書いてみたり、「今日のテレビで紹介されていました!」などというコピーを書いたり。客数が少ないなぁと感じたら急遽、「タイムサービス」の告知をすることもできます。

店頭ボードはその時々の状況にもっとも適したメッセージを発することができるため、お客様の心に響く販促ツールとなり得るのです。

その日の天気や気温に応じた、ぴったりのメッセージを書けば、訴求力は抜群。
(La Fee Delice/東京都渋谷区)

ボードなら、予約状況に応じて簡単に書き換えられるので、便利ですね。
(ジュリークショップ白金台/東京都港区)

店頭ボードのメリット

6 無意識に来店させられる

人間は方向の提示に弱い

下のイラストをご覧ください。

Aが正面を向いている目。Bが向かって左側を向いている目。Bのイラストを見ると、思わず意識が目線の先にいきませんか。

これと似た例が「あっちむいてホイ」という遊びです。

2人で向かい合ってジャンケンをして、勝ったほうは相手の顔の前に人差し指を突き出して上下左右いずれかを指し、負けたほうは上下左右いずれかに顔を向ける……というゲーム。

子どもの頃によくやりましたよね。

基本的に人は、方向を提示されると、そちらに意識がいくものです。

これは道を歩いているときも同じです。考え事をしているときや、会話に熱中しているときなどは別でしょうが、目の前に大きな矢印が現れたら、

ふつうは矢印の指す方向に意識が向いてしまうものです。

矢印・指差し・目線はすべて自店向きに

この心理を利用しているお店は比較的多く、ブラックボードに蛍光ペンを使って、自店へ向けた大きな矢印を書いたり、アクリルボードで立体的な矢印を作って店頭ボードに取り付けたりと、さまざまなものを見かけます。

矢印を使うことで、人間の無意識の心理に訴えかけて、自店へ誘導しているのです。

ちなみに、矢印だけでなく、前ページのような目線でも同じ効果があります。

店頭ボードに人間や動物などのイラストを書くときは、必ず黒目がお店のほうを向くように書いてください。そのイラストを見た通行人の視線を、お店のほうへ誘導できます。

店頭ボードではありませんが、矢印のもつ力でお客様を呼び寄せる工夫をしているお店がありましたので、ご紹介しておきましょう。

左の写真の飲食店では、矢印が入っている特製カーペットを自店の敷地内に敷き、入口へと誘導していました。これなら、公道からちょっと離れた位置に入口があっても、「開かれたお店」という印象を与えられます。「のぞいてみようかな」というお客様も、気軽に入店できるでしょう。

矢印に誘われるように歩いてしまいます。
（ゼストキャンティーナ恵比寿店／東京都渋谷区）

店頭ボードのメリット

7 顧客名簿は不要！全員にすぐ案内できる

お客様の情報がなくても自店をアピール可能

販促ツールは、その特性により、「プッシュメディア」と「プルメディア」に分けられます。

プッシュ（＝PUSH）メディアは、ユーザーの手元まで、発信者が情報を届ける媒体です。

一方、プル（＝PULL）メディアは、その名のとおり、ユーザーに引っ張ってもらう媒体です。ユーザーにアクションを起こしてもらわなければ、情報を届けることができません。

プッシュメディアは、DMなら住所、電話セールスなら電話番号というように、基本的に名簿を必要とします。

プッシュメディア

- DM
- 新聞への折込広告
- ポスティングチラシ
- 電話セールス
- **店頭ボード**

プルメディア

- ホームページ
- 携帯広告
- フリーペーパー
- 店頭などに置く案内チラシ

ポスティングの場合、例えばマンションの住人のうちたった一人でも「チラシを入れないでください」という訴えを出したなら、そのマンションの全住人へのポスティングができなくなってしまうことがあります。

また、折込広告は、新聞を購読していない人には案内できません。

プルメディアの代表とされるホームページですが、そもそも閲覧してもらうためには、お客様候補にネット検索をしてもらうか、URLを打ち込んでもらう必要があります。そのためには、まずお店の存在が認知されなければ、検索される可能性は低いでしょう。

その点、店頭ボードに顧客名簿は一切必要ありませんし、条例に反しない限り、通行人の一言で撤去させられることはありません。ホームページを見てもらうために、通行人に向けて自店の存在をアピールできる利点もあります。

店頭ボードは、顧客名簿不要で、すぐに広告が可能。その上、コスト・制作難易度ともにとても低いので、他の販促ツールと比べて着手しやすいツールだといえます。

●専門知識不要! 低コストで今すぐできる店頭ボード

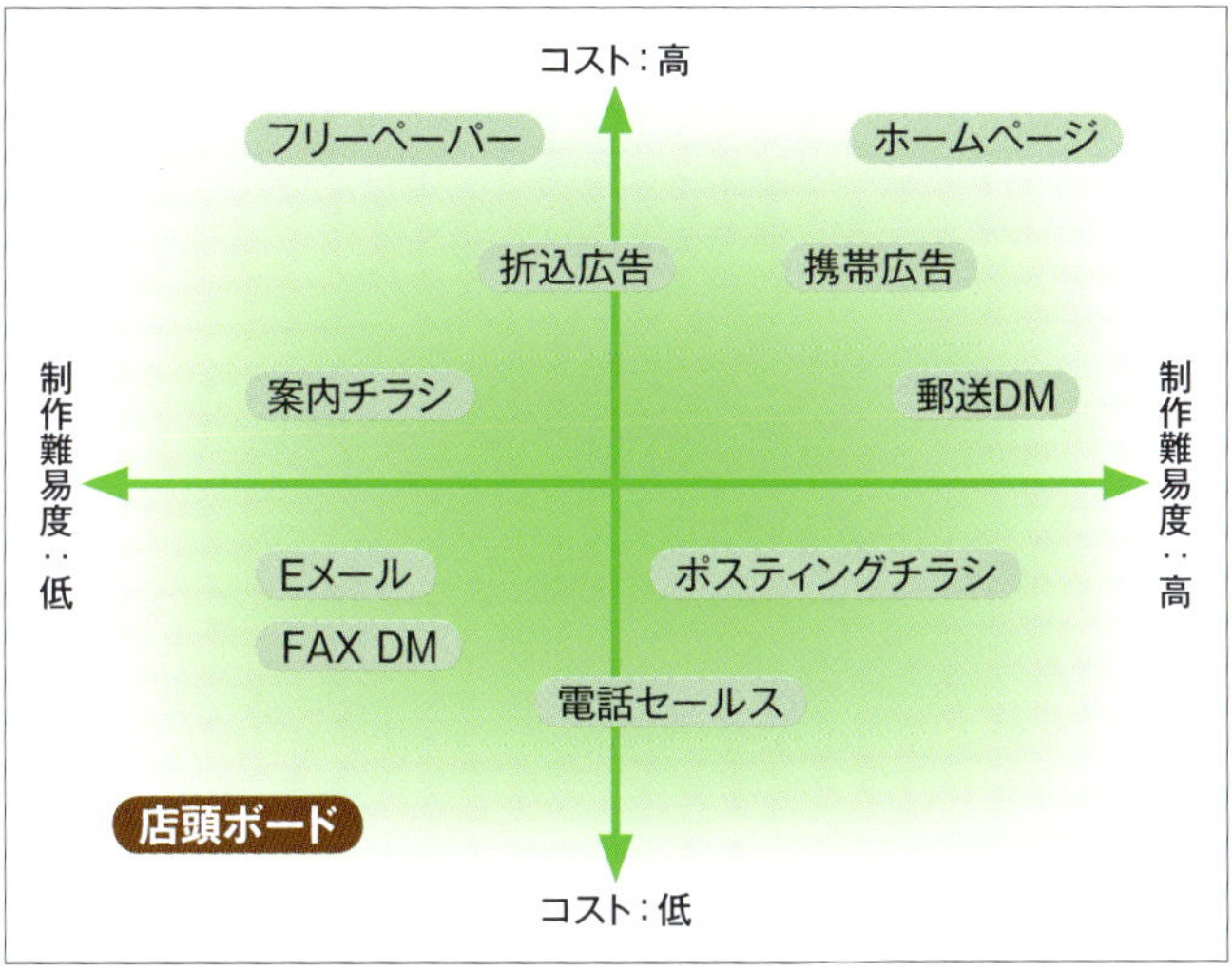

店頭ボードのメリット

8 販促ツールと組み合わせて効果倍増！

店頭ボードと相性がよい販促ツールを併用

私は以前、通販会社で販売促進の仕事をしていました。

当時は新聞広告やDMなどの紙媒体はもちろん、メルマガやアフィリエイト、QRコードなどのネット媒体まで、さまざまな販促ツールを研究し、実際に導入・効果測定を繰り返しました。

その中で気づいたことは、販促ツールには、連動させることでお互いの力を増大させてくれる、1＋1＝5のように相性のよいものもあれば、連動使用しても、1＋1＝1・5程度にしかならないものもあるということです。

相性のよい組み合わせというと、DMと電話が有名です。

通販では顧客宛にDMを郵送し、到着した頃を見計らってフォローコールという電話セールスをかけることがあります。そうすることで、DMまたは電話セールス単体での実施よりも、購入率アップが見込めるのです。

一方、DMを郵送した後に、FAXDMを送付したらどうなるでしょう。内容や紙面次第ではそれなりの反応はあるかもしれませんが、DM＋電話セールスほどの好相性だとはいえません。

こうした販促ツール同士の相性のよし悪しは、当然、店頭ボードにもあり、それを活用することで、さらに集客力のある店頭ボードを作ることができます。

忘れっぽいお客様のために

店頭ボードともっとも相性がよいのは、何といっても案内チラシです。店頭ボードの効果を倍増させてくれる、好相性ツールといえます。

実際に、街中にある店頭ボードを観察してみると、プラスティックのミニバスケットなどをくくり付け、そこにチラシや店舗パンフレット、ショップカードを入れているケースをよく見かけます。

街を歩いていると、「何だか面白そう」「一度行ってみたいな」と、心引かれるお店との出会いってありますよね。

けれども、時間がなかったり、すでに他のお店を予約していたりして、訪れることができない場合もあります。

「今日は無理だけど、今度入ってみようよ！」とその場は盛り上がっても、翌週にはお店の存在を忘れてしまい、訪れることなく終わってしまうこともありがちです。

そこで役立つのが、店頭ボードと案内チラシの連動なのです。

「興味はあるけど、今日は無理」というお客様が案内チラシをもっていってくれたとしたら……。

そうすれば100%、次の機会に来店してくれる……などとはいえません。もしかしたら、しばらくカバンに入れっぱなしで、そのうち、ゴミ箱に捨てられてしまうかもしれません。

けれど、何も渡さないよりは、はるかに販促効果はあります。お店に一目惚れしてくれた相手に形ある手がかりを残すことで、次回来店の可能性を大きく高めることができるのです。

店頭ボードは、DMやFAXDM、折込広告、フリーペーパー、ポスティングと組み合わせても、

もちろん、チラシをもっていきやすいような工夫も、忘れないようにしましょう。
(Rotie／東京都江東区)

使い方によっては効果を高めることができます。
その際の絶対条件とは、DMにしろ、ポスティングにしろ、店頭ボードと内容を連動させることです。

例えば、広告で見かけたお店の前を通りかかったとき、店頭ボードに折込広告やポスティングにあった内容が書かれていなかったら……。お客様は今朝見た広告のことなど、思い出しもしないでしょう。

けれど、折込広告と連動した内容が店頭ボードに書いてあれば、「そういえば今朝も見たな……」と思い出してもらえ、反応率を高められるのです。

「好奇心客」を「お客様」へと変えるもう一手

また、こんな例もあります。

日曜の朝、「セール開催中」というポスティングがあり、住所を見たら自宅の近所。いいお天気だし、散歩がてらお店をのぞきに行ってみようかなぁ、というお客様がいたとします。

マーケティング戦略では、お客様の流れを左図のように表します。

しかし、それとは別に、私は「好奇心客」という定義が加えられると考えます。お店の存在は認識している。購入意欲はそう強くないが、もしも何か気に入るものがあったら購入してみてもいい。

好奇心が先行している「好奇心客」は、「潜在客」と「見込み客」の間に位置づけられます。

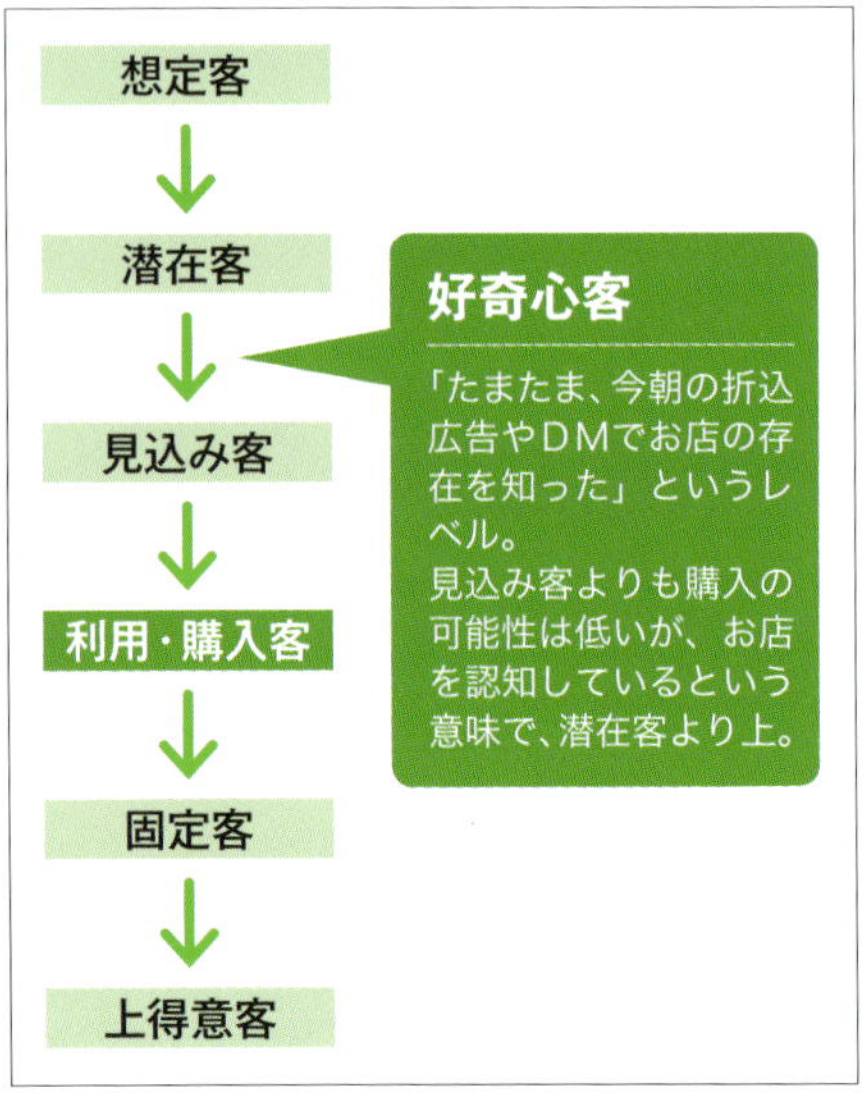
想定客
潜在客
見込み客
利用・購入客
固定客
上得意客
好奇心客
「たまたま、今朝の折込広告やDMでお店の存在を知った」というレベル。
見込み客よりも購入の可能性は低いが、お店を認知しているという意味で、潜在客より上。

「好奇心客」の場合、「絶対にこのお店に行きたい」「コレを買おう」という明確な来店動機や購入の意思をもっているわけではないので、店の前までは来てみたものの、「わざわざ階段を昇らなくてはいけないの？」「待ち時間が長そう」「店内が混雑している」など、ちょっとでも面倒や手間、デメリットを感じると、そのまま通り過ぎてしまう場合が多いのです。

そこで、デメリットはあるけれど、ぜひお店をのぞいてみたいと思わせるために、店頭ボードが活躍してくれます。

その手法の一例としては、ポスティングには書ききれなかった情報や想いを、店頭ボードで伝えることがあります。

ポスティングを見て、いつも素通りしていたお店の前で立ち止まってくれたお客様を、ボードで一気に店内へ引き込むのです。

例えば「今日のチラシを見てくださったお客様限定サービス」など、「今日入店しないと損だ」と感じることを書くのです。

一方、店頭ボードとインターネットは、あまり相性がよいとはいえません。

ボードに、「http://www.＊＊＊.co.jp」とURLを書いたところで、わざわざメモしてもらえないからです。

これからは「QRコード」×「手書きボード」の時代？

今後、もっとも店頭ボードと連動すべき販促ツールは、「携帯」です。

携帯電話を活用した販促は数多くありますが、店頭ボードとの相性に加え、運営の容易さという面から、「QRコード」がおすすめです。

皆さんご存知だと思いますが、「QRコード」とは、正方形の二次元バーコードのことで、携帯電話のカメラで読み取ると、バーコードに埋め込まれた情報を取得できます。このQRコードに、お店のホームページのURLアドレスを埋め込んでおけば、お客様はＵＲＬを入力せずに、ワンクリックでサイトへアクセスできます。

おなじみのリクルート刊行のクーポンマガジン・ホットペッパーでは、それぞれの店舗情報のスペースに、その店舗の携帯サイトへジャンプするＱＲコードが掲載されています。また、冊子だけではなく、クーポン情報を集めた携帯サイトも運営しています。

これを利用し、あるダイニングバーでは、ホットペッパーに掲載されている自店のＱＲコード部分を切り抜いて、拡大コピーし、店頭ボードに貼り付けていました。

すぐに捨てられてしまうチラシに比べて、情報を携帯電話に登録してもらえるＱＲコードのほうが、次回来店への手がかりを残すという意味で優れているかもしれません。

ＱＲコードと聞くと、制作するのが非常に難しそうですが、今は無料作成してくれるサイトがたくさんありますので、ほんの一瞬でできます。

まずは、私が無料作成サイトで制作したＱＲコードを、携帯電話で読み取ってみてください。

このＱＲコードには

スズキ接骨院

TEL　03 - 1234 - 5678

Email　suzuki@------.co.jp

という情報が埋め込まれています。

たいていの携帯電話では、ＱＲコードで読み取った情報をワンクリックでアドレス帳に登録することができます。

店頭ボードへ貼り付ける際は、「ぜひ、アドレス登録してくださいね！」などと一言、メッセージを添えるとよいでしょう。

店頭ボードのメリット

9 お客様をがっぽり横取り！

近くの繁盛店へ向かう人波をねらう

近隣の繁盛している同業他店の名を出し、そのお店よりも低価格をアピールする店頭ボードを設置しているお店があります。

この方法は周囲から、マイナスの印象をもたれる危険性が高いのであまりおすすめしませんが、店頭ボードのもつ能力を表すひとつの例だといえます。つまり、店頭ボードはお客様を横取りする力を備えているのです。

「近くに大繁盛店があるから、うちにはまったくお客様が回って来ない」というお店こそ、実は大チャンスなのです。

むしろ、周囲に一店も繁盛店がないほうが大変です。繁盛店がないということは、人の流れがないということ。そうなると、お店の周辺への人の流れをイチから作らなくてはいけません。それには、大変な労力が必要です。

しかし、近くに大繁盛店があるということは、それだけ人がいるわけで、見込み客が多いともいえます。

繁盛店へ向かう人の流れを自分たちのお店の前で止めたり、繁盛店が混雑していて入店できなかった、「おこぼれ客」を取り込んだりできるのです。

この場合、前述のように、あえて同業他店の名前を店頭ボードに出す必要はないでしょう。

ただし、価格勝負は自分の首を絞めるだけです。

まず、近隣の繁盛店の店頭ボードをリサーチしてみてください。店頭に出されているボードは、容易に偵察することができます。その上で、差別化をはかり、小回りのきくサービスなど、自店にしかできない小さな試みを打ち出していくとよいでしょう。

異業種他店のお客様もゲット！

繁盛店は、何も同業だけとは限りません。違う業種でも集客力のある施設やお店が近隣にあれば、そこを訪れているお客様を、店頭ボードで自店の顧客にしてしまえばよいのです。

これは地方の県立美術館に入っているレストランの実例です。

美術館では、期間限定の企画展を行ったりします。当然、常設展示とは違い、企画展にはどっと人が集まります。この来館者をどうにかして引き込めないかと考えたレストランは、「モンゴルの秘宝」という展示ならばモンゴル料理、「坂本龍馬展」ならば土佐料理という具合に、その時々の企画展の内容に連動したメニューを提供しました。

そうしたら、全来館者の約18％もの来店誘致に成功したそうです。近くに博物館・映画館のような施設があれば、便乗企画を打ち出してみるのもよいでしょう。

「流れ」「時間」「客層」をリサーチ

店頭ボードを用いる上で、「人の流れ」を把握することは重要です。他店のお客様を取り込む場合には、特に留意しなくてはなりません。

どの方向から人が多く来るのか。時間帯によって人の流れはどう変化するのか。朝ならば駅から出て来る人が多いでしょうし、夕方ならば駅に向かう人が多いでしょう。

道の左方向から右方向へ流れる通行人が100人、右方向から左方向へ流れる通行人が50人だとします。圧倒的に左方向から来る人が多いにもかかわらず、店頭ボードを右方向に向けて置くのはあまりにももったいないですね。

また、繁盛店にはどのような流れで人が集まっていくのか、ということも調べましょう。

例えば、左ﾍﾟ図のように、自店を中心に、最寄り駅が右側、繁盛店が左側にあったとします。

「駅から出てくる人の流れが多いだろう」と、店頭ボードを駅のある右側からよく見えるように設置したとします。

しかし、実は繁盛店のさらに左側に大規模なオフィスビルがあり、そのオフィスビルに勤務するビジネスウーマンが、周辺の売上を握るキーパーソンかもしれません。

その場合、店頭ボードはオフィスタワーの入口付近に置くほうが、より効果が望めるでしょう（ただし、無許可で設置するのは道交法に違反します）。

つまり、どこの駅からどれだけの人数が流れて来るかに加え、ターゲットとする層の流れも考える必要があるのです。

店頭ボードは、ほとんどコストをかけず、試行錯誤をしながらどんどん変更していけます。

日替わり・週替わりで店頭ボードの内容を変えたり、週の頭と週末で変えてみてください。

さらに余裕があれば、朝・昼・夜の時間帯で変えてみたり、夕方は「ハッピーアワー」の告知をしてみたり、一次会が終わるであろう時間帯になったら、「二次会プラン」の告知をしてみてはいかがでしょうか。

●「流れ」「時間」「客層」を調べてみましょう

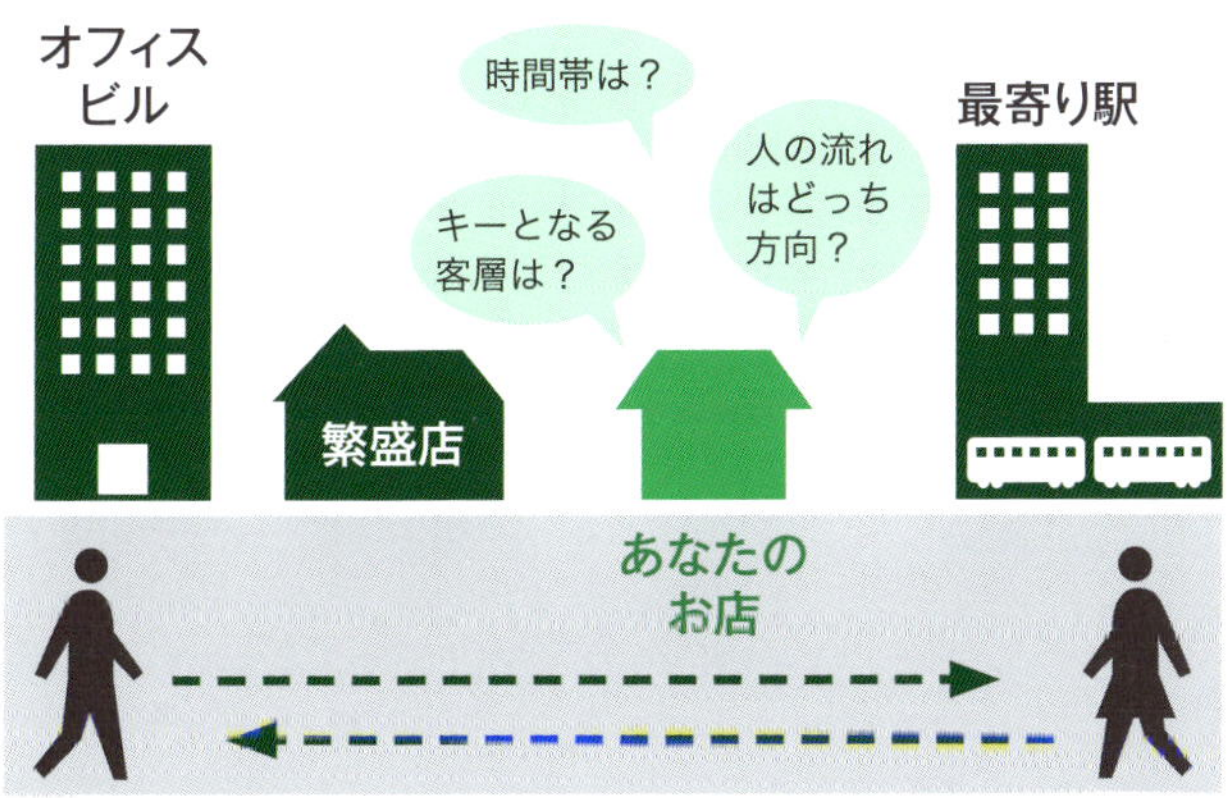
オフィスビル
時間帯は？
最寄り駅
人の流れはどっち方向？
キーとなる客層は？
繁盛店
あなたのお店

実際に店の周囲を歩いて、観察してみることが大切です。時間帯、晴雨、季節によって人の流れは変わります。できれば、さまざまな条件のもとで調べてみましょう。

店頭ボードのメリット

10 ホップ・ステップ・ジャンプのストーリー展開

複数設置で相乗効果を狙う

店頭ボードには、同時に複数を置くことができる、という特長もあります。

このように書くと、DMだって、メルマガだって、何でも複数展開は可能ではないか、と思われるかもしれません。

しかし、もしもポストを開けて、同じお店から郵送DMが3通同時に届いていたらどうしますか。私なら、店側が誤って重複郵送してしまったのだと思い、1通だけ残し、他の2通は開封せずに捨ててしまいます。

それならば、3通の封筒の外観を変えて、違う内容であることをアピールすればいいのでは？と思うかもしれません。でも、これは絶対にやってはいけないことです。

受け取る側はしつこいと感じて嫌気がさす上に、1通送付に比べ、確実に訴求力は分散します。これを避けるため、ほとんどの会社では顧客ごとにDMを送付した日付を記録しておき、次のDMを送付するまで、必ず一定期間をあけています。

これは、DMに限らず、ポスティングやメルマガにもいえることでしょう。

ところが、店頭ボードの場合は、複数設置で訴求力が分散するどころか、逆に相乗効果を発揮してくれるのです。

ただ複数展開しても効果は半減！

相乗効果を発揮させるには、もちろん、数打てば当たるという単純な発想ではいけません。

あるレストランでは10種類もの内容の異なる店

頭ボードを置いていました。そのうち8種類がブラックボードを使っていたせいか、店頭が暗く沈んでしまい、メリハリがなくなっていました。

　また、その内容は、価格面のサービスを表す店頭ボードだけで5つ。右図のように、期間限定の割引やターゲット別サービスを猛アピールしていました。

土曜の夜は
お子様プレート
半額
雨の日の
ディナータイム
パスタ&リゾット
20%OFF
毎週火曜日は
950円ランチを
870円で提供
今月の
おすすめワイン
3200円→2100円
18時45分までに来店で
飲み放題870円

どの情報があなたにとって有益か、今日はどのサービスを受けられるのか、一目でわかりますか？

　自分達のサービスを少しでも知ってもらいたいという気持ちはわかります。しかし、情報量が多すぎて、お客様は「結局、今日はどれがオススメ？」と混乱してしまいます。

複数のボードはドリフターズと心得る

　ところで、私は子どもの頃、ドリフターズの大ファンで、欠かさず『8時だヨ！　全員集合』を見ていました。

　何度かメンバー交代などはありましたが、私にとってのドリフターズといえば、いかりや長介さん、加藤茶さん、高木ブーさん、仲本工事さん、志村けんさんの5人です。

　ドリフターズメンバーのキャラクターは、コントの中では、いかりやさんがつっこみ役で志村さんがボケ役です。

　これがもしも、全員いかりや長介のキャラクターだったら、志村けんのキャラクターだったら……。全員がつっこみでもボケでもオチがつきませんので、まったく面白くないでしょう。

つまり、複数設置の効果を上げるには、全体のバランスとストーリー展開が必要なのです。意味のない複数構成は、魅力半減です。

では、相乗効果を高めるためのストーリー展開とはどんなものなのでしょうか。

この方法を私は、「ホップ・ステップ・ジャンプ手法」と呼んでいます。

キャラがかぶらないボードで巧みに誘導

ある文化ホールの中に入っている創作レストランが、3種類の店頭ボードを巧みに使用していました。この文化ホールの前には約10メートル四方の広場があります。

つまり、ホールの入口に店頭ボードを置いても、広場をへだてた道路を歩く通行人には、発見して

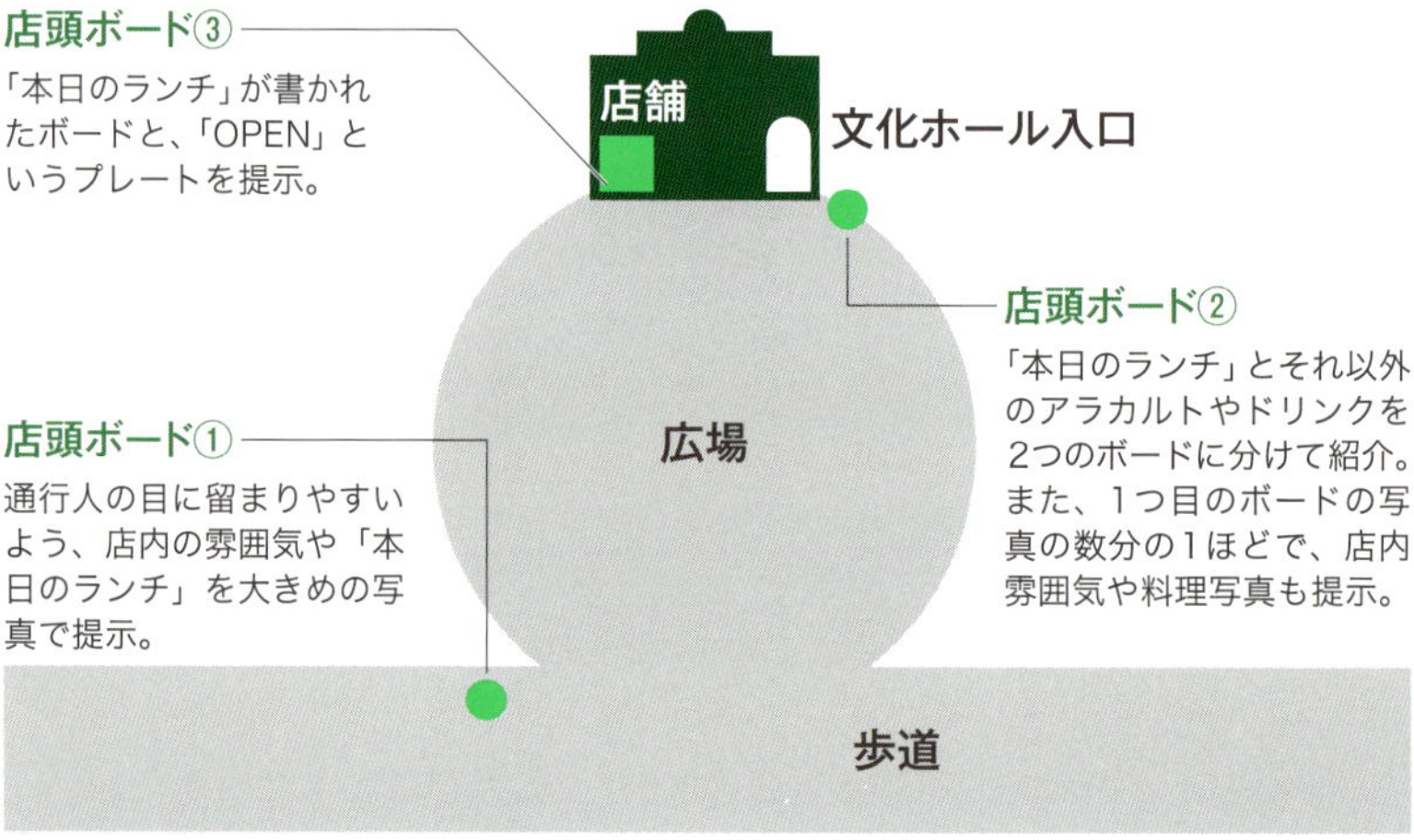
店頭ボード③
「本日のランチ」が書かれたボードと、「OPEN」というプレートを提示。
店舗
文化ホール入口
店頭ボード②
「本日のランチ」とそれ以外のアラカルトやドリンクを2つのボードに分けて紹介。また、1つ目のボードの写真の数分の1ほどで、店内雰囲気や料理写真も提示。
広場
店頭ボード①
通行人の目に留まりやすいよう、店内の雰囲気や「本日のランチ」を大きめの写真で提示。
歩道
性格の異なる複数のボードを活用することで、お客様の疑問・不安に答えながら、お店までスムーズに引き寄せることができます。

もらえないのです。

そこで、この創作レストランは右下図のような工夫をしていました。

①の店頭ボードを見て即座に入店を決意した人は、②・③の店頭ボードを素通りし、一目散に店に向かうでしょう。

逆に、①の店頭ボードを見て、さらに②の店頭ボードを見るお客様は、興味があるし、いいお店みたいだなと感じているけれど、まだ入店への迷いがある段階といえます。だからこそ2つ目の店頭ボードで確認をするのです。

複数の性格の異なる店頭ボードを設置して説得力を高める手法は、このレストランのように離れた場所に配置する場合だけでなく、店の入口の右側と左側といった、幅1メートルの至近距離に置く場合でも有効です。

右の店頭ボードを見て、左の店頭ボードを見て……とやっている人は、本当にこの店に決めてよいのかまだ不安を感じている証拠です。気にはなっているけど、「入店の決定打」を感じ取れていないのです。

そこで、2つの店頭ボードは、まったく同じ内容にするのではなく、違う情報を提示するようにします。

このレストランでいえば、ランチメニュー以外のアラカルトやカフェメニューの紹介ですね。情報量を増やしてあげることで、「よし、ここにしよう！」とお客様が決定しやすくなるように、背中をチョンと押しているのです。

このようにどんどん加速をつけてアピールすることで、お客様の心を入店へと傾ける。これが「ホップ・ステップ・ジャンプ手法」であり、店頭ボードだからこそできる戦略だといえます。

COLUMN

心理的な境界線をなくす マットの敷き方

ボードからは少し離れますが、「店頭における販促」というくくりで、マットの敷き方について紹介したいと思います。

店舗入口のマットは、店内と道の段差・境目をなくすように敷くことによって、実は強力な集客力を発揮するのです。

店内の内側にキレイに敷くよりも、写真のように入り口の外にはみ出しているほうが、「開かれたお店」という印象を与えられます。

特に飲食店などでは、一度お店に入ったのに何も注文せずに出て行くのは、かなり気まずいものです。つまり、お店に入るということは、お客様にとって多少覚悟がいるものなのです。

そこで、このようにお店の外と中の境界線を消すことによって、無意識レベルで、来店への覚悟を少し緩和させることができるのです。

ただしこのように敷く場合は、公道にはみ出さないよう注意してください。

CHAPTER 3

お客様が入店をためらう失敗パターン

店頭ボードの書き方や出し方を誤ると
集客の効果はほとんどありません。
それどころか、お店のイメージダウンになることも。
ここでは、よくやりがちな5つのパターンを紹介します。
こんなボードになっていませんか？

こんなボードは魅力ダウン

1 メンテナンスされていない

文字が消えかかっていたり、かすれてしまっている。また、ボードを立てかけるスタンドや什器のペンキがはげていたり、破損したりしている……黒板やホワイトボード、ブラックボードを用いた店頭ボードでたまに見かけます。

これらは、論外です。店頭ボードはお客様がお店に入るとき、最初に目にするものです。

何事も第一印象が重要です。いくら店内をキレイに磨き上げ、素晴らしい商品を取りそろえ、完璧なサービスであったとしても、店頭ボードが汚ければ台無しになってしまいます。

たとえ、「丁寧な接客に自信アリ」などと書かれていても、店頭ボードすらメンテナンスされていないのでは、まったく信憑性がありません。

「季節外れ」「期限切れ」には注意

さらに、もう一点。メンテナンスという意味では、「内容が季節外れ」「情報が遅れている」というのも、イメージダウンです。

実際にあった例ですが、すでに紅葉が始まっている初秋になっても、「夏のおすすめ料理！」と書かれたボードを出しているお店がありました。外観はとても立派な和食料理のお店ですが、「気が回ってなさそうだけど、大丈夫かなぁ……」と、入る前から不安になります。

また、すでに期限を過ぎている割引キャンペーンを案内し続けていた飲食店もありました。これでは、「怠惰・だらしない」などの印象を与えてしまうことは間違いありませんね。

店頭ボードひとつで、知らず知らずのうちに信用を失い、お客様を逃している可能性もあるのです。くれぐれも、こまめなメンテナンスを行い、キレイなボードでの情報提供を心がけてください。

こんなボードは魅力ダウン

2 文字が読みにくい

私が以前、働いていた通販会社では、広告物を決して外注せず、自分たちで制作していました。

自主制作するのには、当然、コストの問題もありましたが、それよりも「商品担当者こそが誰よりも商品のことを理解しているわけだから、外注するよりも、ずっとよい広告が作れるはずだ」という会社の方針によるものでした。

当時、私に広告の制作を指南してくれた上司から、何度も注意されたのが、「見やすさ」です。

広告に関してはいろいろな考え方があると思いますが、いかにして読んでもらうかが重要であり、そのためには、パッと見てわかりやすい広告を作ることが必要。イメージ重視の広告ならば、読みやすさよりもインパクト優先の奇抜なものもアリですが、それは「売るための広告」とはいえない、と教えられました。

店頭ボードの場合は、通りすがりに発見してもらい、瞬時に内容を理解してもらい、興味・来店・販売まで結びつける必要があります。

一般的に、人の目が一ケ所に留まる時間は、0・3秒前後だといわれています。一瞬にも至らない時間でお客様の目を引き付け、店頭ボードの前で足を止めさせなければいけません。

奇抜な店頭ボードで「あれは一体何だ？」と注意を引くのもひとつのテクニックですが、そこに書かれている肝心のセールストークを読んでもらえなければ始まりません。だからこそ、「読みやすさ」には注意を払う必要があるのです。

以下、そのポイントを解説します。

読みやすくする4つのコツ

①文字のサイズに注意

顔を近づけないと読めないほど、小さい文字でめいっぱい書いてある店頭ボードをよく見かけます。情報を詰め込みたい気持ちはわかります。

でも、よっぽど、お店や商品に興味がある人を除いては、「読むのが面倒くさい」と、スルーされてしまうと思ったほうがよいでしょう。

②改行位置に注意

おかしな位置で改行しているボードが、びっくりするほど多いです。左図は実際にあった例ですが、なぜ、こういう改行をするのか。何かトリックがあるのかしら？　と、真剣に考えたほどです。

文章とは、文節や単語ごとに扱うものです。やはり、【自家製梅・酒】のような分け方よりは、【自家製梅酒】と書いたほうが、圧倒的に読みやすく、瞬時に頭に入ってきます。

ちなみに数字は、特別なこだわりがある場合を除いては、一、二、三といった漢数字より、1、2、3といったアラビア数字の

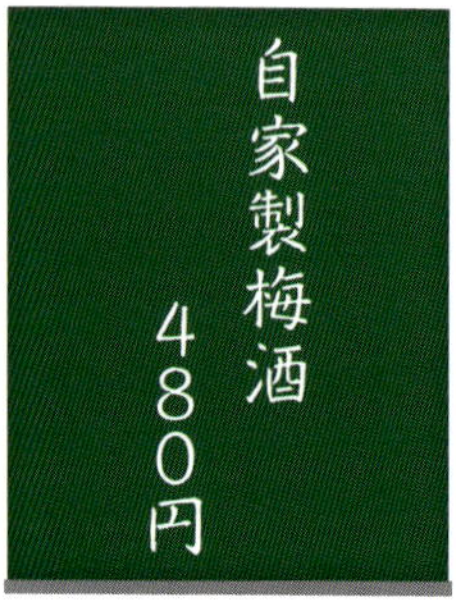

ほうが読みやすいようです。

③言葉の位置関係に注意

また、強調したい言葉は先にもってくる、というのもひとつのテクニックです。

次のAとBを比較してみると、Aのほうが「特別セール開催中」「50%オフ割引」という言葉がストレートに目に飛び込んできます。

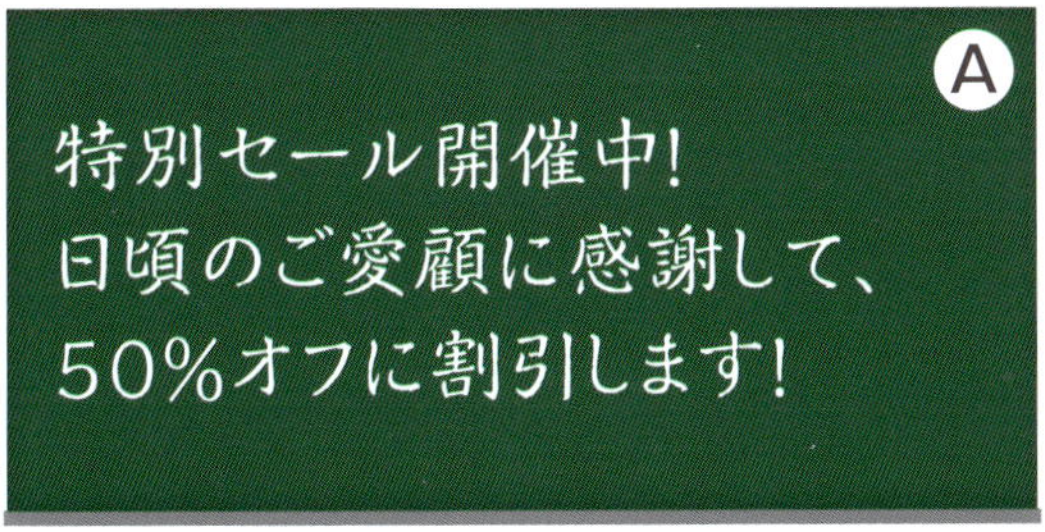
A
特別セール開催中!
日頃のご愛顧に感謝して、
50%オフに割引します!

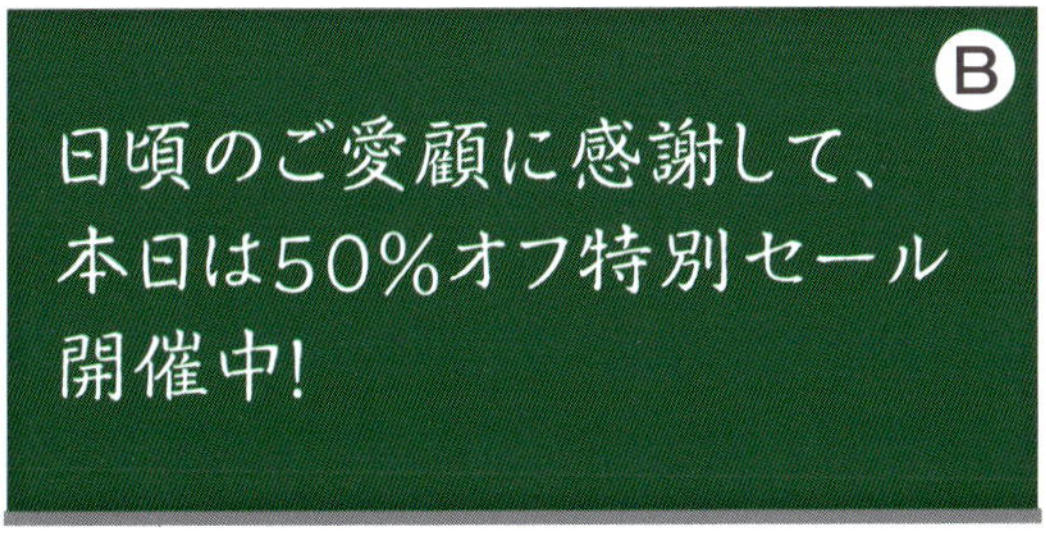
B
日頃のご愛顧に感謝して、
本日は50%オフ特別セール
開催中!

④文字の上手・下手

他の本では、「文字の上手い・下手は関係ない、気持ちが重要だ」などと、手書きは七難隠すといわんばかりに、オールOKとしていたりします。

しかし、読む側からすると、殴り書きの汚い字では、お店のサービスも雑な印象を受けますし、まず、読む気がしません。

何も習字の先生のような字である必要はないのですが、丁寧に書いてあるということは、最低条件です。そんなことは当たり前だと思われるかもしれませんが、雑に書かれている店頭ボードは本当に多いのです。

また、店頭ボードに書くメッセージはできるだけ店長が考えてください。

なぜなら、店頭ボードは店長の分身であってこそ最大の効果を発揮するものです。そのためにはアルバイトスタッフの考えた言葉よりも、店長自身の言葉のほうが、より強いメッセージを込められるからです。

ただし、実際に文字を書くのは、店長である必要はありません。

何人かスタッフがいるなら、皆に文字を書いてもらい、もっとも読みやすく、好感がもてる文字を書くスタッフに、ボードは任せてよいと思います。

その際に、お店のイメージにあった文字であるかという点も確認してください。

例えば、法律事務所のボードが丸文字の幼い字だと、「ここに依頼して大丈夫かな」と不安になります。

逆に、おしゃれなカフェでゴシック体のような、角ばった文字というのも違和感があります。

いずれにしても、店頭ボードを出す前に、必ず店長が確認をしてください。決してすべてを人任せにしないことが重要です。

自分以外の誰かに任せてしまうのは、店頭ボードを「単なる販促ツール」と軽んじている証拠であり、それだけで〝繁盛を呼びこむ〟店頭ボードにはならないでしょう。

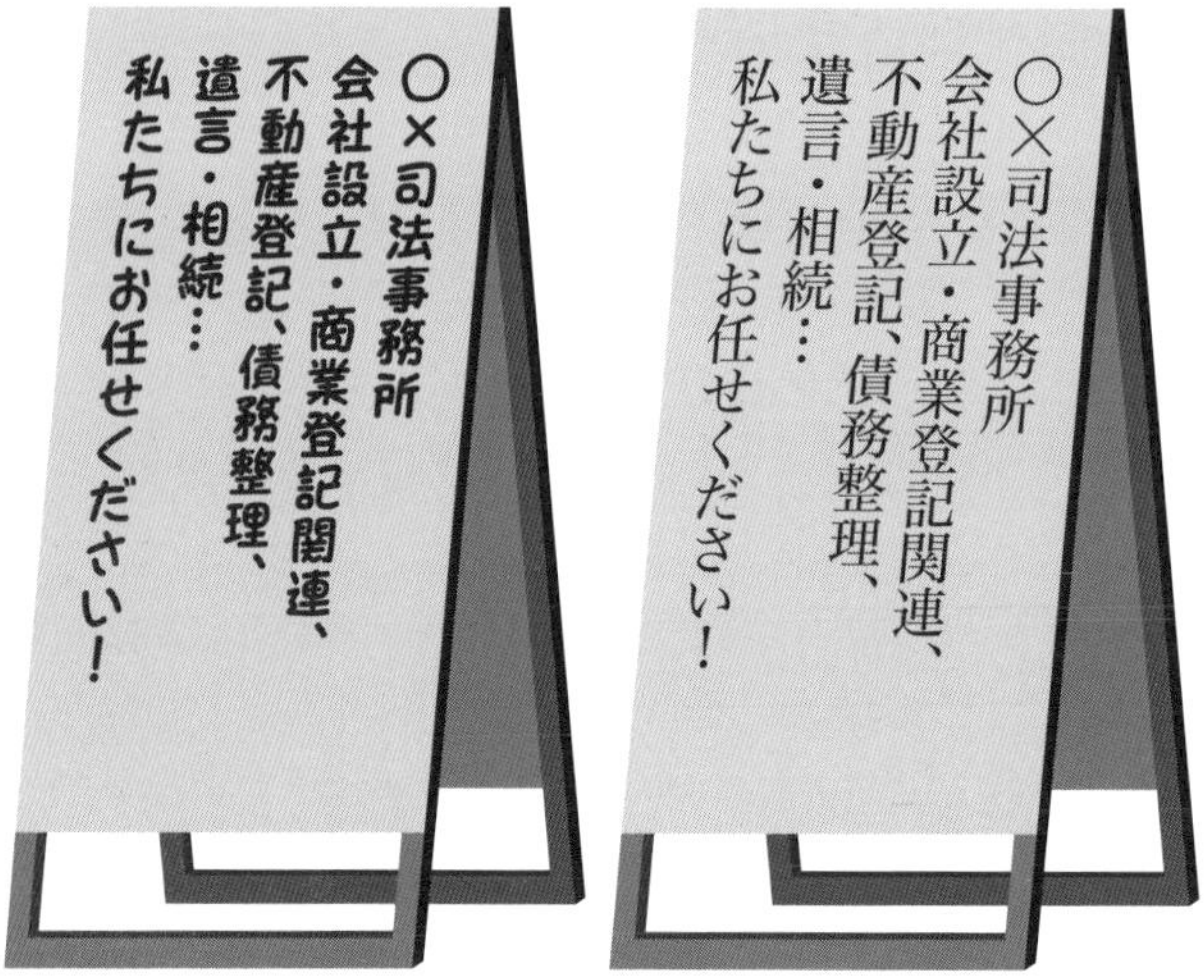
○×司法事務所
会社設立・商業登記関連、
不動産登記、債務整理、
遺言・相続…
私たちにお任せください！
○×司法事務所
会社設立・商業登記関連、
不動産登記、債務整理、
遺言・相続…
私たちにお任せください！

丸文字（左）と明朝体（右）の店頭ボードだと、どちらに依頼したくなるでしょうか？

こんなボードは魅力ダウン

3 何を伝えたいのかわからない

店長の想いを代弁しているとはいえ、独りよがりになっていては意味がありません。店頭ボードは店長の分身であると同時に、販促ツールでもあるのです。

「うちの店は気持ちよくスタッフに働いてもらうために、毎月、飲み会を開催し、コミュニケーションを図っています！」などと店頭ボードに書いても……。お客様にとっては何のメリットもありませんね。

ボードは店長の戦略や想いを伝えるツールではありますが、来店・購入に結びつくような内容を、正しく伝えなくてはいけません。

そこに気づかず、間違ったアピールや伝達をしてしまっているお店も多々あります。

お客様の興味に応えているか

例えば、あるオシャレな雰囲気のイタリアンレストランでは、店頭ボードにこう書かれていました。

グラスワイン（125㎖）385円
カラフェ（375㎖）900円

まず、「カラフェ」という単語自体が、一般客にはあまりなじみのない言葉です。

店側の常識と一般常識は違います。「カラフェ」といわれて、ピンとくる通行人は少ないはずです（ちなみに、「カラフェ」とはフランス語で水差しという意味です。要は小さなピッチャーです）。

また、オシャレなイタリアンレストランへ行こうというお客様で「ワインの量が125㎖で385円ならば入ってみよう！」という人は少ないでしょう。

このお店の店頭ボードは、お客様が自店に何を求めているのか、その心理を把握できていないといわざるを得ないでしょう。

ある大衆的なお寿司屋さんでは、ブラックボード型の店頭ボードにマーカーで「本日のオススメ・まぐろ」と書いていました。

「いいマグロが入っていますよ」という意味かもしれませんが、そもそも「いいマグロ」とは何でしょう。

何より、「本日のオススメ・まぐろ」のワンメッセージでは味気ないと思いませんか。一体、どれだけの通行人の食欲をそそることができるでしょうか。

誇大広告や嘘は問題です。しかし例えば、

「本日のオススメ・インド洋で泳いできた、脂ののった高級マグロ」

このほうが、断然、引き付けられませんか。

本当に暖簾をくぐって来店してもらおうと考えるのならば、どこがオススメなのかを詳細にアピールし、お客様の心をしっかり掴むことが大切です。

こんなボードは魅力ダウン

4 「売り込まれたら…」と不安にさせる

百貨店で働いていたことがあるのですが、そのときに、お客様には2種類いらっしゃる、と感じました。

一方は、お店の人と積極的に会話したいというタイプ。

そしてもう一方は、「売り込まれたくない」という気持ちから、話しかけてほしくないけれど、こちらが必要なとき、わからないときは助けてほしいというタイプ。

お店や商品に興味をもってはいるけれど、お店の人に質問をすると、その後にセールストークをされてしまいそう……。気になるけど、面倒だから、通り過ぎてしまおう。

業種業態にもよると思いますが、経験値では後者のタイプのお客様のほうが、かなり多いように思います。

その点、無言のセールストークをしてくれる店頭ボードは、お客様からすると、非常にありがたい存在です。

しかし、中にはそんなお客様の気持ちをくみとらずに店頭ボードを使っているお店があります。

お客様にプレッシャーを与えない置き方

次ページのイラストをご覧ください。

AとBの2つの店頭ボードがあります。Bは入口前にあり、真横には店員さんが立っています。

一方、Aは入口からも店員さんからも、少々離れた位置にあります。

どちらの店頭ボードが見やすいですか。

Bの店頭ボードの場合、「見ている最中に、話しかけられそう」という心理が働きます。

実際、Bのような置き方をしているお店で、私が店頭ボードを見ていましたら、半数以上の店員さんが話しかけてきました。

また、話しかけはしなくても、じっとこちらを観察しているような視線は、ほぼ100%感じました。

積極的に売り込みたい気持ちはわかりますが、そうした店側の無意識の圧迫感を嫌うお客様は多いと思います。こうしてお客様を取りこぼしている場合もあります。

人的な売り込みをせずとも、お客様が思わず入りたくなる店頭ボード活用の戦略を、このあとの章で紹介していきます。

お客様からすれば、たとえ店員さんの気配がなくても、店のドアの前にしゃがみこんでボードを読むというのは、なかなかしづらいものです。

商品ならば、万引き防止のためにもお店から目の届く範囲に置く必要があります。

しかし店頭ボードの場合は、お客様がじっくりと読むことができるよう、むしろ店内からの死角に置くくらいのほうがよいでしょう。

こんなボードは魅力ダウン

5 商品、サービスのイメージとズレている色

「この店頭ボードの色に引かれる」「使っているマーカーのカラーが好き」という理由でお客様がお店を決めることはないと思いますが、色が与えるインパクトや影響は、想像以上に大きいものです。

色の使い方が正しければ、魅力が2倍・3倍と増して、より強く通行人を引き付ける店頭ボードになりますし、色の使い方を誤れば、魅力半減どころか、失敗作となってしまう危険性もあります。

飲食店と青色の相性

代表的な失敗例が、飲食店における青の使い方です。

青は寒色で、リラックス・鎮静の効果が高い色です。同時に、食欲抑制の色として有名です。以前、食欲を減退させるためのダイエット食品として、青いふりかけが発売されたくらいです。

想像してください。もし、焼肉屋の店頭ボードが青色をしていたら……。

「さぁこれから美味しいものを食べて、楽しく過ごそう」と考えているのに、食欲を減退させてしまう色は見たくありませんし、お客様に「美味しくなさそう……」という印象をもたれてしまったらアウトです。

もちろん、店内に巨大水槽がある、クールな雰囲気がウリなどという、特別な理由があれば別ですが、基本的に飲食店と青色の相性はよいとはいえません。

では、どういう色が適しているかというと、やはり飲食店の場合、赤・オレンジといった暖色系です。暖色は食欲を増進させてくれます。「美味しそう」と感じてもらえるだけでなく、食欲増進効果がありますので、「ちょっと一杯飲んでいこ

うか」と、お客様を呼び込む効果もあるのです。

暖色系の中でも、圧倒的に目立つのは赤であり、人を興奮させる力をもっています。

一説では、人間は血を見ると、戦闘能力を高めるために本能的に興奮するようなプログラムがされており、それで血の色である赤を見ると興奮するといわれています。

つまり、否が応でも赤は目立つ勝負色であり、有効に活用すれば効果を発揮してくれる色といえます。

けれど、闇雲に使えばよいというわけではありません。ある激安をウリにしている携帯ショップでは、赤い店頭ボードを使用していました。赤には、赤札→安売り・激安というイメージもありますので、この赤の使用は正しいと思います。

しかし、問題は景観です。その店舗は外壁も一面が赤のため、店頭ボードと外壁の赤が同化してしまい、店頭ボードの存在が埋もれてしまっていたのです。

業種を考えて色を選ぶ

例えば、ホテルやマッサージなら、お客様は癒し・リラクッスを求めます。そのため、ナチュラルベージュやグリーン、淡いオレンジ、木目調といった色が好ましいでしょう。

つまり、「とりあえず赤で目立たせよう」という安直な考えではなく、きちんと自店の外壁や周りの店舗とのバランスを見極める必要もあるのです。

また、色という意味では、カラーペンやチョークで店頭ボードに文字を書く際は、2、3色で書くようにしたほうがよいでしょう。色を多用する場合は、相当なセンスが必要です。

少しでも目立たせようと、いろいろなカラーを使用すると、色同士が喧嘩してしまうことが多く、結果として見づらい上、何が一番のアピールポイントなのかわからない……という状態になってしまいがちです。

CHAPTER 4

来店率をさらに引き上げる3つのポイント

お客様を引き寄せる店頭ボードには

認知率・動機率・誘導率

という3つの要素が大切です。

本章では、この3つの要素を引き上げて

来店率を高める方法について紹介します。

店頭ボードの来店率は１００％で考える

店頭ボードで来店率を上げるためには、①認知率、②動機率、③誘導率という、３つの要素が重要です。

これらは独立したものではなく、３つそろって初めてたくさんのお客様を集めることができるのです。

例えば、道行く誰もが目を奪われる店頭ボードを作っても、基本的なお店情報もなく、心に残るフレーズもなければ……来店してもらえませんね（動機率の低さ）。

逆に、どんなに魅力的な内容であっても、店頭ボード自体を発見してもらえなければ、意味がありません（認知率の低さ）。

もしくは、ボードの内容には引かれたけれど、お店が地下にあったり、窓が曇りガラスだったために店内の雰囲気がわからず、入店を断念されてしまったら……あまりにもったいないと思いませんか（誘導率の低さ）。

高い来店率を実現するには、

① 認知率	道にある店頭ボードを発見してもらう確率
② 動機率	ボードを見たお客様が、「入店しよう」「買ってみよう」と感じるきっかけを生む確率
③ 誘導率	「入店したい」と思ったお客様を、店内へスムーズに引き込める確率

認知率（10点満点）×動機率（10点満点）×誘導率（10点満点）

の掛け算で考え、1000点に近づけるための心がけが必要なのです。そこで、

①とにかく通行人に発見してもらえるような、外見重視の目立つボード
②興味をわかせて引きつけるための、お店の目玉やラインナップを解説するボード
③お客様を実際にお店へと誘導するために、お店への道順や店内雰囲気を紹介するボード

というように、3種類のボードを配置することが、もっともベストといえるでしょう。

●来店率を上げる3種類のボード

●1つ目
通行人の足を止める
外見重視の
目立つボード
➡認知率アップ
●2つ目
お店の目玉や
ラインナップを
解説するボード
➡動機率アップ
●3つ目
店への道順や
店内の雰囲気が
わかるボード
➡誘導率アップ
高い来店率

3つのボードを作る、と妄想する

とはいえ、スペースなどの問題から、３つも置けない場合もあるかと思います。

しかし、たとえひとつしか置けなくても、制作する前にまず、「３種類の店頭ボードを作る」と想定してみてください。

- ・目に留まりやすく、自店の雰囲気に合ったボードのデザイン
- ・自店のイチオシとラインナップをわかりやすく伝える書き方
- ・お客様候補の心に響くメッセージ
- ・自店までの経路の説明、地図、矢印
- ・店内の雰囲気や客層を伝えられる写真・イラスト・小道具

このように、認知率・動機率・誘導率を上げるボードを３つ作るとしたら、どんな工夫をしたいか、自店で実施できることを書き出してみるとよいでしょう。

例えば、路地裏で目立たないのが最大の弱点だと考えたならば、認知率アップに重点を置くべきでしょう。逆に、一目で発見してもらえるような見通しのよい道では、動機率や誘導率を高める工夫をするべきでしょう。

専門性の高い商品やサービスを取り扱っているのならば、動機率アップに重点を置き、その内容をあますところなく伝えることに注力したいものです。

また、地下の店舗や、窓に曇りガラスを使っている店は、外からは店内の様子がわかりません。特に女性の一人客などは、来店を躊躇《ちゅうちょ》してしまう場合もあるでしょう。そこで、店頭ボードに店内の写真をたくさん貼り、「開かれた店」というイメージを作るよう心がけてみてはいかがでしょうか。

次に、自店がもっとも取り入れるべき要素が何なのかを絞り、ひとつの店頭ボードに落とし込んでください。何をそぎ落として、何を残すべきか。自店の長所、短所などをよく考え、どの要素を多く取り入れるかを考えましょう。

「ひとつの店頭ボードを作るのに、わざわざ3つ分の労力を使うなんて……」と、お思いになるかもしれませんが、必ず紙とペンを使って書き出してください。

なぜなら、実際に手を使って書き出すことで頭の中が整理されますし、メモを見ることで、自分でも気づかなかった自店の強み・弱みが見えてきます。

認知率を上げる3つのポイントとは？

各要素を高めるためには、具体的にどうしたらよいのかを解説します。

まずは認知率についてですが、これは実際に店頭ボードを配置して、お店の前を歩いてみるとよいでしょう。

そのとき、以下の3つをチェックしてください。

ポイント1 店頭ボードの角度はOK？

左㌻図のAのように、道路と平行に店頭ボードを配置するよりも、Bのように道路に対して直角に配置したほうが、発見してもらえる可能性は飛躍的に高まります。

直角に置けない場合でも、少しでも角度をつけるだけで、発見確率は変わります。

その際には、どの時間帯に、どの方向から多くの人が流れてくるかを把握しておきましょう。一般的に朝と夜では人の流れが違います。その流れを見極めて、角度を変えてみるとよいでしょう。

ちなみに、Aのような置き方は、認知率の低下という以外にもデメリットがあります。

道路と平行に置いた場合、通行人は店頭ボードの真ん前に来てはじめてその内容を確認できま

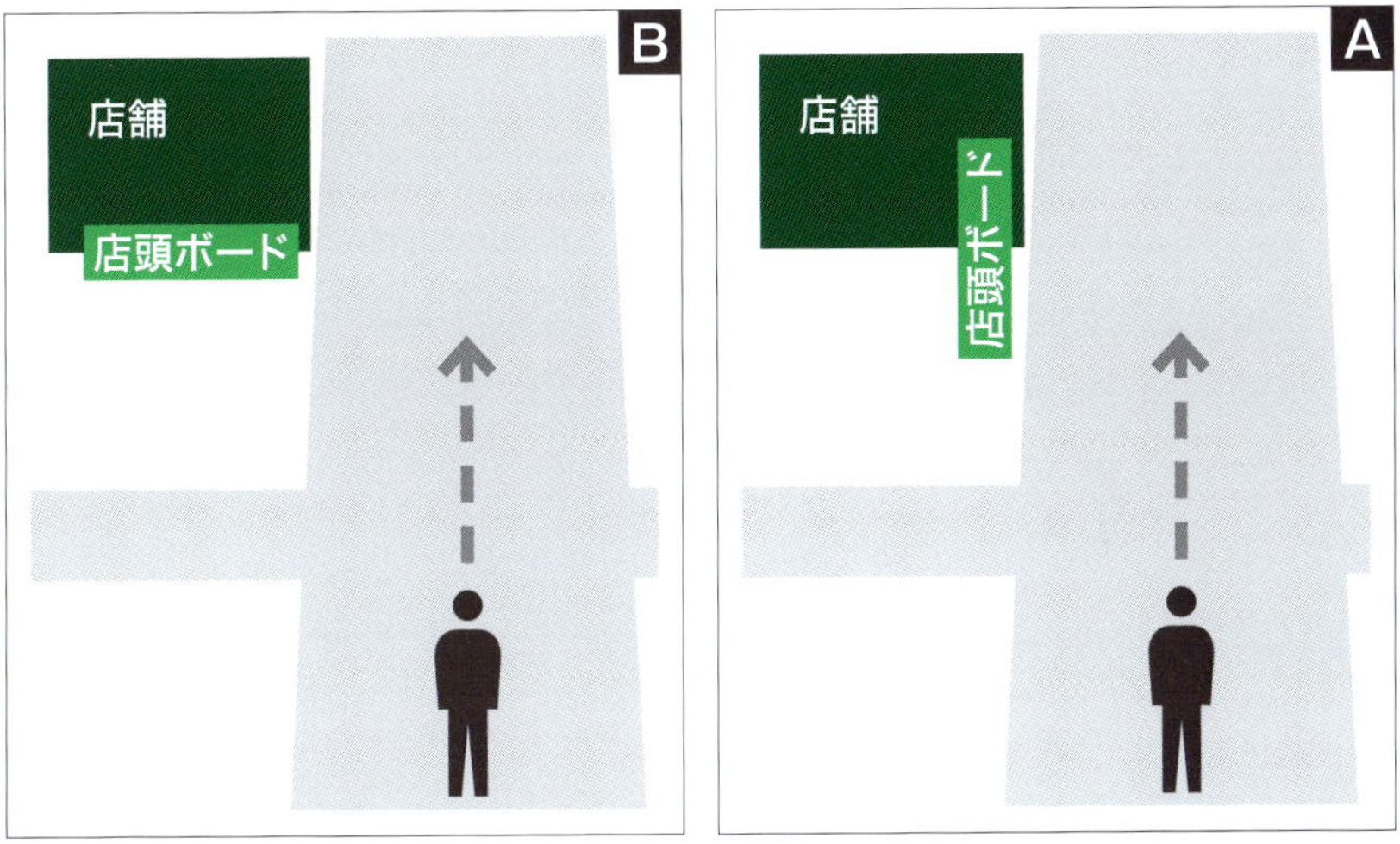

数メートル手前からでもどんな内容なのか、ある程度、確認できる店頭ボードを作りましょう。そうすれば、右折しようと思っていた人を「あの店頭ボードが気になる！」と方向転換をさせ、引き寄せることも可能になります。

す。

しかし、Bのように道路と直角に置くと、文字が書かれている面が通行人のほうを向いているので、ある程度、遠くからでも内容を認識してもらえます。

この場合、「だいたいの内容が伝わればいい」と考えてください。

すべての情報を遠くからでも確認できるようにしようと思うと、必然的に文字サイズが大きくなります。当然、書き込める情報量は減り、動機率・誘導率が下がってしまいます。

そこで、例えば、「SALE」「ランチメニュー」「無料相談中」など、店頭ボードの内容を簡潔に表現する一言だけを大きく書くようにするとよいでしょう。

ただし、道路は公共施設です。いくら認知率を高めるためとはいえ、道路にはみ出して置くことは禁止されています。また通行の妨げとなってしまう場合もあります。くれぐれも自店の敷地内に、通行人の邪魔にならない角度で設置するようにしましょう。

ポイント2 周囲の店頭ボードに埋もれてない?

同業に限らず、周辺で店頭ボードを出しているお店が多い場合は、自店のボードが他店のものに埋没してしまう可能性もあります。

そこで、例えば周りでブラックボードを出すお店が多いなら、ホワイトボードを用いて色や素材を変えるといった工夫が必要でしょう。さらに、造花やモールなどで飾り立てると、自店の店頭ボードの認知率はぐっと上がります。

また、隣のお店の店頭ボードとの距離が近過ぎると、陰になって見づらくなってしまうこともあります。これではいくら角度を調整しても、まったく意味がありません。

その場合には、通行に支障をきたしたり、他店とのトラブルにならない程度に高さや幅を出してみるとよいでしょう。これも実際に通行人として歩いてみないと、気づかないことです。「角度」を確認する際に、一緒にチェックしてみてください。

ちなみに、チェックするときには、自分とは身長や視力、歩くスピード、好み・趣向の違う人にもお願いするとよいでしょう。いろいろな視点からの意見を聞くことができれば、より認知率の高い店頭ボードが完成するはずです。

ポイント3 ライティングは効果的？

人間を含め、動物は明るいモノに引き付けられる習性があります。夜はもちろん、昼間でもライトで店頭ボードを照らすと、認知率は飛躍的に上がります。

ある和食料理店ではランチ案内の店頭ボードにライトを付けて、光をあてています。当然、ランチタイムは明るいので、ライトなしでもボードはしっかりと確認できますが、ライトがひとつあるだけでとても目立っていました。裸電球1個でもまったく違います。電気代云々という問題以上の効果が得られるはずです。

また、一口にライトといっても、その色味によって印象はまったく変わります。白っぽい光、昼白色・昼光色といわれるライトは、「元気」「活発」な印象を与えてくれます。逆に、オレンジ系の光、温白色・電球色といわれているものは、「くつろぎ」「癒し」の印象を与えます。

これは古代、太陽が唯一の光源だった頃、人間は昼間の白い光の下では活発になり、夕暮れのオレンジ色の光の下ではリラックスした名残だといわれています。

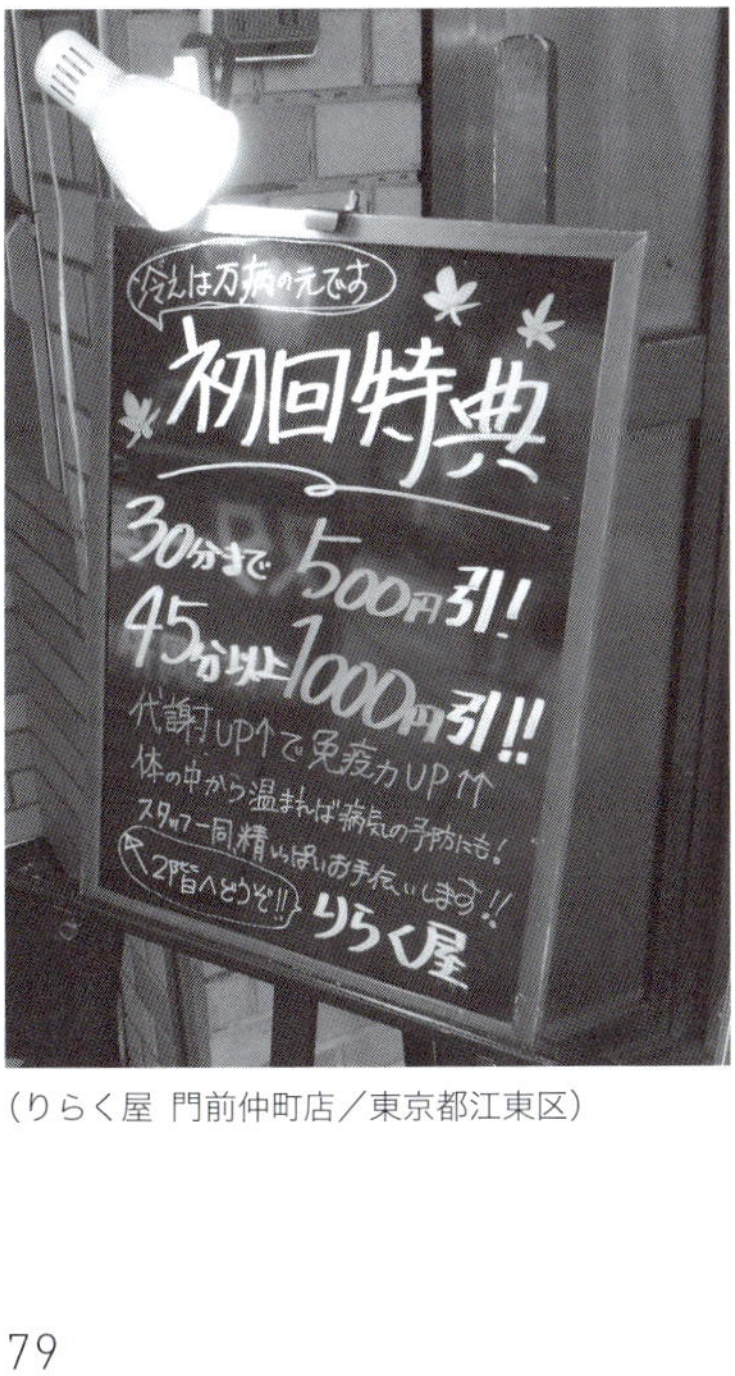

（りらく屋 門前仲町店／東京都江東区）

さて、店頭ボードから離れて、ひとつ質問があります。

コンビニを思い浮かべてください。店内で用いられている照明は何色だと思いますか？

エステは何色でしょうか？

おそらく、大半の人が前者は白系のライトを、後者は暖色系のライトを想像したのではないでしょうか。

事実、前者では、店内でリラックスされるよりも、回転よく商品が売れてほしいという戦略から白系のライトを、逆に、後者ではゆったりと落ち着いてもらうために、暖色系のライトを用いる場合がほとんどです。
人間はこうした色味に対する心理的反応が生じることに加え、今までに訪れたお店の記憶によっても、色味に対するイメージが刷り込まれています。
そのため、店頭ボードにあてるライトも、「こちらの色味のほうが目立つから・好きだから」などという理由で選ぶのは賢くありません。色味が与える印象をきちんと把握して、自店のカラーに合うライトを選びましょう。

魅力で攻めるか、不安を取るかで動機率は変化

店頭ボードに気づき、目の前で立ち止まってくれた人に、自店の紹介やウリを上手に伝えることで、動機率は高められます。ある意味、ここが店頭ボードの本丸だといえるでしょう。

この部分に関しては、これまでに述べてきた店頭ボードのメリットや失敗パターンに加え、CHAPTER5の〝7つの戦略〟を参考にしていただきたいのですが、ひとつだけ要点をご紹介します。

それは、基本的に店頭ボードで来店動機を上げるためには、「魅力アピール」で勝負するか、「不安感払拭」で勝負するか、という2パターンがあるということです。

「このお店は素敵だから、行ってみよう！」

「このお店なら安心できそうだから、入ってみよう！」

前者が魅力アピール型の店頭ボードを見たお客様の反応。

一方、後者が不安感払拭型の店頭ボードを見たお客様の反応です。

例えば、ある産院では、ベッドはお姫様のような天蓋付きで、出産後には退院ディナーとしてフランス料理が食べられるという、びっくりするほどの高サービスを提供しています。

この産院ならば、前者での勝負が適しているでしょう。もしも店頭ボードを作るとしたら、「ベッドは天蓋付き！　出産後にはお祝いの特製フランス料理をどうぞ！　お姫様になれる産婦

人科で大切な瞬間を迎えませんか？」

などというコピーとともに、写真を多用したり、お姫様をイメージさせる造花やレースでデコレーションしたりして、華やかに作ってあげるとよいでしょう。

一方、今までに何十万人もの分娩に携り、出産に関してありとあらゆる非常事態も経験済みというベテラン医師の産院であれば、「不安感払拭」で勝負するとよいでしょう。

この場合は、いかにして信頼感を高めるかが重要なので、

「安心・安全！　当院は30年のキャリアをもつベテラン女医が、誠心誠意、お手伝いさせて頂きます」

などというコピーとともに、医師の略歴など、いわば信頼してもらうための〝証拠〟となりそうな情報を提示してあげるとよいでしょう。

この際に誤ったパターンで店頭ボードを作ってしまうと、訴求力は落ちます。自店が適しているのはどちらか、冷静に見極めてください。

「わかってくれているはず！」は絶対にNG

誘導率を高めるには、「道行く人は思っている以上に、お店の場所を知らず、客層や価格に不安感をもっている」という認識を忘れないことです。

店頭ボードには、自分で思っているレベル＋30％増くらいのイメージで、店舗所在地や雰囲気、商品の説明を丁寧に載せるとちょうどよくなります。

例えば、よく「○○屋さんの真ん前が当店です」とか「○○通り沿いにあります」といった説明を書いたボードを見かけます。しかし、誰もがその目印となるお店や通りの名前を知っているとは限りません。「○○ビルの3階です」といったものになると、もうお手上げです。ビルの名称を知っている人は郵便配達か宅配業者の方くらいでしょう。目印が見つけられなくては、当然、店舗に来てもらうことはできません。コンビニやガソリンスタンドのような、一目でわかって、遠くからでも目立つものを目印に選ぶよう心がけてください。

また、お店から少し離れた場所に店頭ボードを配置して集客する場合、店舗への地図を書いたり、貼り付けているボードが多く存在します。しかし、せっかくの地図が、残念ながら地図の役割を果たしていないことが多々あります。

次ページの図をご覧ください。

私はAのような地図を勝手に「おしゃれ地図」と呼んでいます（雑誌で、おしゃれなカフェ・雑貨店を紹介する場合、大半はこのような、極限まで簡素化された地図で書かれているからです）。

よっぽど土地勘がある人以外は、簡素すぎる地図でお店へ到達するのは困難でしょう。

本当にお客様に自店へ足を運んでもらいたいのなら、Bのように、読みやすい日本語で、わかりやすい目印もしっかりと記入し、自店もハッキリ記載した地図がふさわしいでしょう。

「出せばいい」というわけではなく、本当にこの地図や説明文、写真で理解してもらえるのかを見直してください。それだけで、来店率がアップする可能性が高まります。

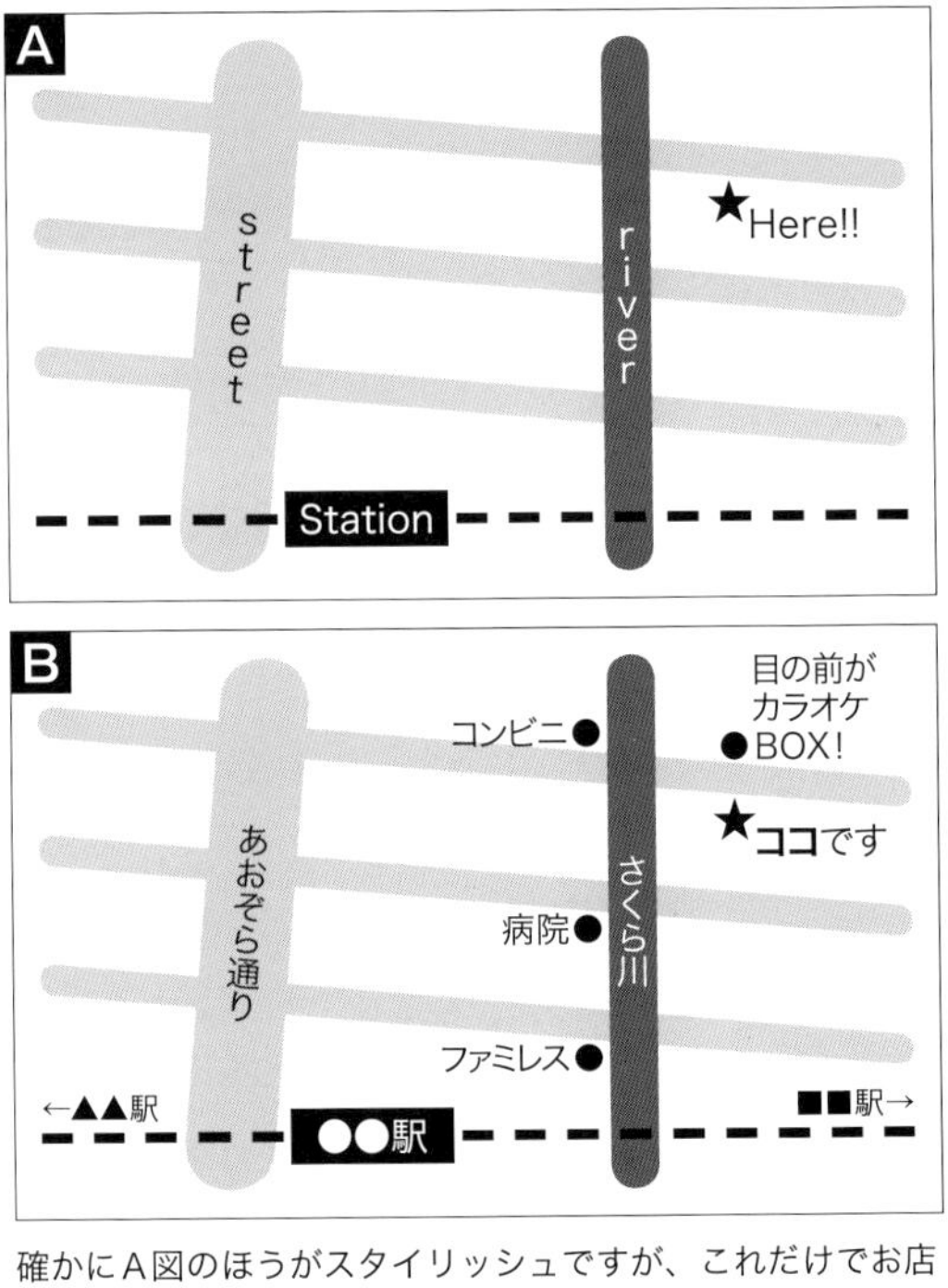

確かにA図のほうがスタイリッシュですが、これだけでお店にたどり着けるでしょうか？

立地からお客様の心理を想像する

さて、①認知率、②動機率、③誘導率という3つのポイントについて述べてきましたが、さらに来店率を上げるための補足をしたいと思います。

お客様が店頭ボードを目にする状況には、以下の2パターンがあります。

①意識発見ケース
②無意識発見ケース

①意識発見ケースとは、例えば、旅行先やなれない土地でのランチタイムに「何を食べようかな」と、あたりを見回して飲食店を探す場合です。

東京・青山のヘアサロン、大阪のたこ焼き屋、福岡の屋台、というように、ある特定ジャンルのお店がたくさん軒を連ねているような場所で、どこのお店が自分に合うかを見極めようとキョロキョロすることはよくあります。

つまり、お客様が目的・考え・意思をもって、店頭ボードを探している状況が意識発見ケースです。

この場合は目的をもっていますから、気に入った商品・お店が見つかれば、すぐに入店してもらえるでしょう。

対する②無意識発見ケースとは、歩いていたら偶然、店頭ボードが目に飛び込んできたという状況です。目的をもってお店を探していたわけでなく、不意にお店を見つけただけです。

ごくまれに衝動的に来店してくださるお客様もいらっしゃると思います。しかし基本的には、「へぇー、こんなところに、こういう店があったのか」と思われるだけで終わるでしょう。

こうしたお客様の心理状況も踏まえ、立地からして自店の周辺はどちらのタイプの人が多いかを考え、それを店頭ボードに反映させましょう。
①タイプなら、まずは発見してもらうための認知率、競合店と差がつく動機率を上げるボードを作るべきです。
②タイプなら、発見してもらった後の「あ、これほしい」「あ、これ食べたい」と思わせる動機率、誘導率に重点を置いたボードを作成すべきでしょう。
そうすれば、さらに来店率を上げることができます。

CHAPTER 5

店長がやるべき店頭ボード7つの戦略

手書き店頭ボードのパワーを最大に活用するための
「7つの戦略」を紹介します。
これらを使いこなすことで、
行動パターンも考え方もさまざまなお客様に、
より効果的にアピールすることができるようになります。

店頭ボード7つの戦略で集客力をアップ！

これまで何万もの店頭ボードをリサーチしてきた結果、思わず入りたくなる店頭ボード、お客様を集めることができる店頭ボードには、いくつかの法則やセオリーがあることを発見しました。

それらの法則をより活用しやすいように、状況やシーン、条件ごとに7つの戦略としてまとめました。左㌻図が、その戦略です。

新規開店のお店ならば、まずはお店の存在をアピールして、多くの人に認知してもらい、来店してもらわなくてはいけません。①**「お知らせ戦略」**を積極的に実践してみましょう。

さらに、⑥**「刷り込み戦略」**でお店の存在を知ってもらう店頭ボードや、②**「きっかけ戦略」**でただの通行人をお客様へと変える店頭ボードを作る必要があります。閉店後にもお客様にアピールし続けられる⑦**「時間外戦略」**を用いてもよいかもしれません。

逆に、30年も営業しているならば、今さら、お店の存在を強くアピールする必要はないはずです。今以上に売上アップ&お得意さん獲得に注力すべきであり、④**「リピート戦略」**や⑤**「イベント活用戦略」**を用いるべきでしょう。

近くに競合店が乱立していて、お客様が減少傾向にあると感じたならば、③**「選んでもらう戦略」**を用いてください。

同じ店頭ボードでも、書き方・使い方ひとつで、まったく効果が変わってきます。この章では、あらゆるシーン、状況に対応できるように、7つの戦略としてまとめています。

「今月はリピーター獲得強化月間にしよう！」「今月は新規のお客様には特別サービスをしよう」などというように、週単位、月単位で戦略を使い分けるのもよいでしょう。

●店頭ボードを活用するための7つの戦略

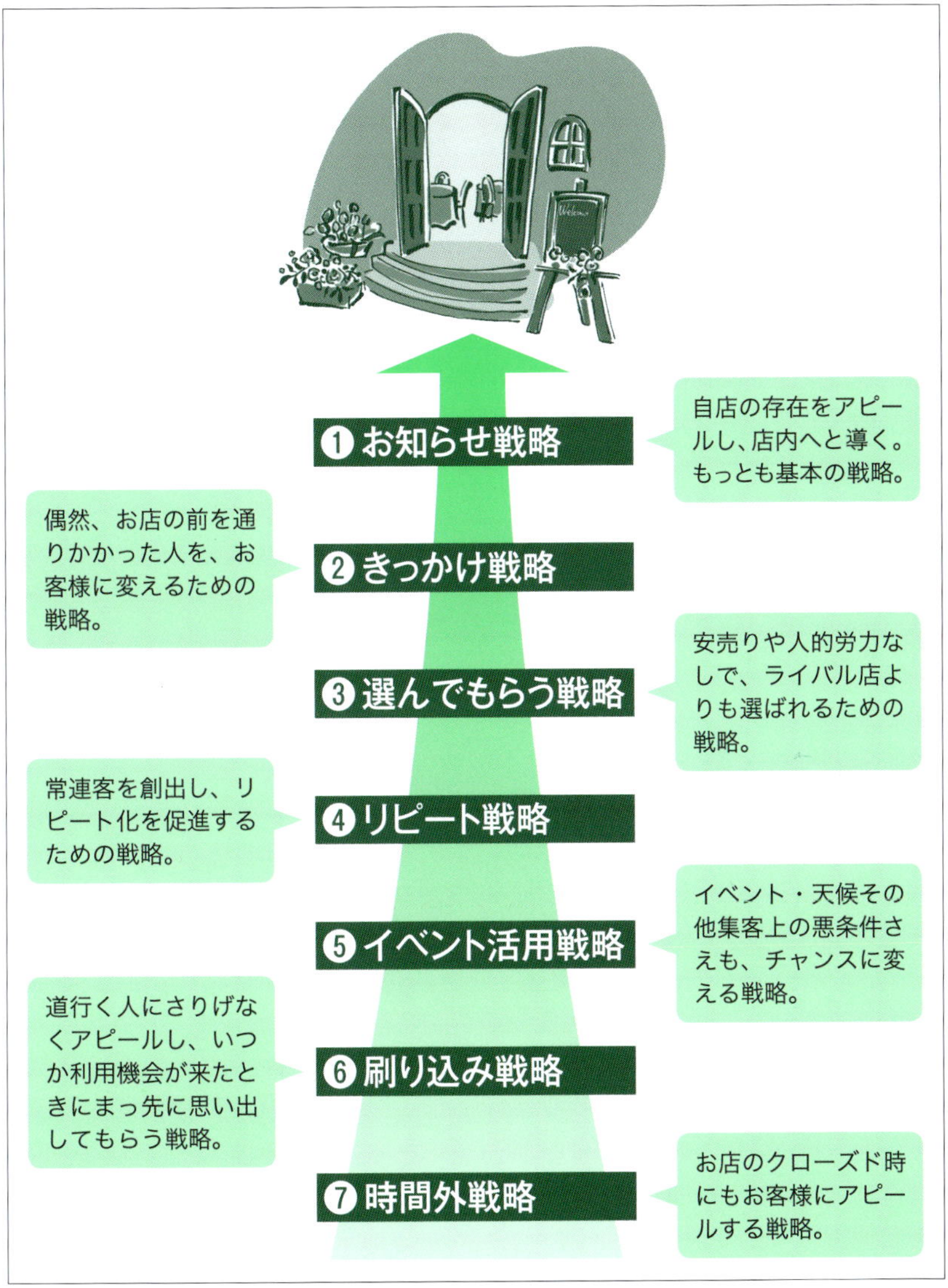

❶お知らせ戦略
自店の存在をアピールし、店内へと導く。もっとも基本の戦略。
❷きっかけ戦略
偶然、お店の前を通りかかった人を、お客様に変えるための戦略。
❸選んでもらう戦略
安売りや人的労力なしで、ライバル店よりも選ばれるための戦略。
❹リピート戦略
常連客を創出し、リピート化を促進するための戦略。
❺イベント活用戦略
イベント・天候その他集客上の悪条件さえも、チャンスに変える戦略。
❻刷り込み戦略
道行く人にさりげなくアピールし、いつか利用機会が来たときにまっ先に思い出してもらう戦略。
❼時間外戦略
お店のクローズド時にもお客様にアピールする戦略。

店頭ボード活用策

お知らせ戦略 1

そもそも、あなたのお店は“知られていない”

店頭ボードを使う本来の目的は、もっと繁盛して、今よりさらに売上を伸ばすためです。

そのためには、できる限りたくさんの通行人に自店をアピールして、存在を認識してもらい、お店の中に入ってもらえる店頭ボードを作る必要があります。

通行人を店内へ導くには、テクニックが必要です。それらのテクニックを、私は「お知らせ戦略」と呼んでいます。

この戦略は、業種業態を問わず、あらゆるお店で応用できます。お店が路地裏で発見しづらい、階上・地下にあって店内が見えないので来店しづらいなど、立地面での悪条件を抱えるお店でも、この戦略を使うことで、それらの悩みを解決することができます。

では、順を追って解説していきましょう。

まず、「そもそも、自分のお店は知られていないのだ」と考える必要があります。道行く人は、あなたのお店の存在はおろか、道順も業種も人気商品も知らないのです。

店名よりも「何者なのか」をアピールする

次ページの図をご覧ください。

Aの店頭ボードでは、「○×商店」という店名を大きくメインに、「お米販売店」という業種は下部に小さく記してあります。

Bの店頭ボードでは、「お米販売店」という業種を大きくメインに、「○×商店」という店名は下部に小さく記してあります。

CHAPTER3で、「一般的に人の目が一ケ所に留まる時間は、0・3秒前後」と書きました。

つまり、通行人の目線が店頭ボードに合ったほんの一瞬で、内容を理解してもらえるような書き方を心がけなければいけません。

よほどの有名店であれば、Aのような店頭ボードでも、瞬時に「お米販売の○×商店だ」と理解してもらえるでしょう。

しかし、それ以外の場合、店名ばかりを大きく書いても、「○×商店」を知らない人からすると、それが「何屋さんなのか」一瞬では理解してもらえません。

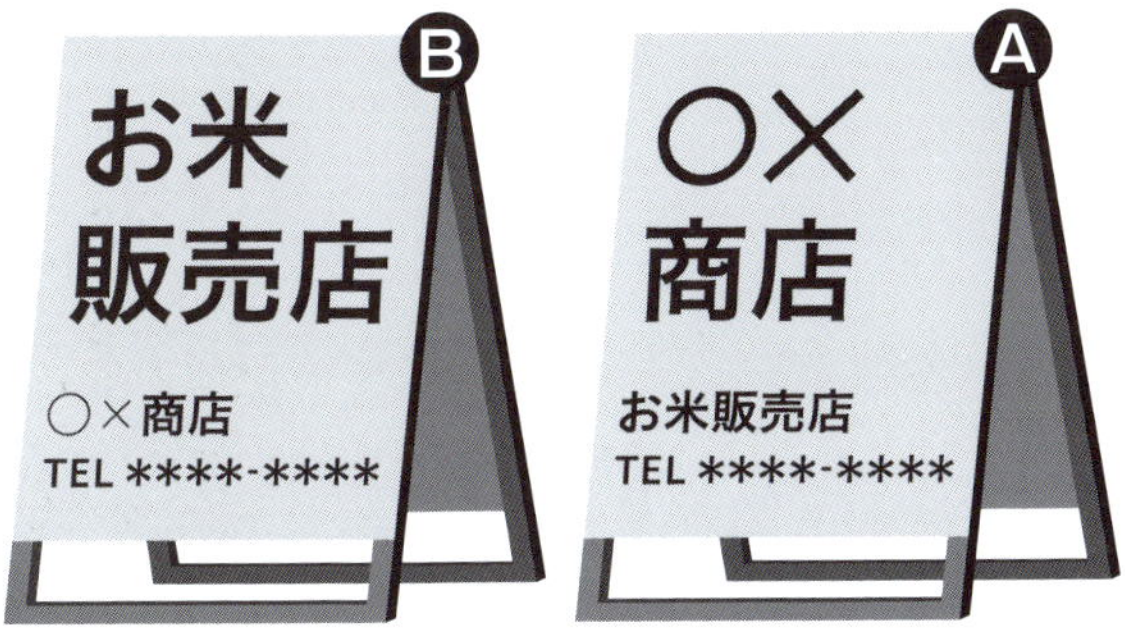

つまり、せっかく店頭ボードが通行人の視界に入っても、「○×商店なんて知らない」と、見過ごされてしまうのです。

とはいえ、単に文字が大きければよいというわけでもないのです。

数年前、友人の家の近所に、「boulangerie」というボードを出しているお店ができました。友人はいつも自転車で通り過ぎるだけだったので、店内をのぞいたことはなく、店内照明が薄暗かったために、バーか何かだと勝手に思い込んでいたとか。

彼女は「boulangerie」が仏語で「パン屋」という意味であることを知らなかったわけですが、このように、何屋さんなのかをわかりやすくアピールしていないお店というのは多数存在します。

やはり、店頭ボードでお客様を引き寄せるためには、誰にでもすぐにわかる単語、言い回しを使うよう心がけるべきでしょう。

いろいろなボードに注目してみると、繁盛店ほど、自店の業種を表す、巧みなキャッチコピーを使用していることがわかります。

まずは、自店の名前よりも、「何者なのか」という業種業態を明確に伝えることを考えましょう。

お客様はお店の名前ではなく、「どういう商品があるのか」、「どういうサービスを受けられるのか」でお店を選ぶのです。

これが「お知らせ戦略」における最初のステップです。

戦略を成功させる〝ウリ〟を作る

「お知らせ戦略」を成功させるためには、「このお店に入ろう！」とお客様に思わせるような、強烈な決め手となる「お店のウリ」を作ることが重要です。店頭ボードに大々的に書ける、看板商品・サービスです。

「お店のウリ」を提示することができれば、たとえ、お店が路地裏であろうと、駅から遠かろうと問題ではありません。

また「お店のウリ」といっても、単に「お店の人気ランキング」などと、売れている商品を紹介する程度では弱すぎて、とても人を引き付けることはできません。

お客様を魅了するほどの「お店のウリ」を作るには、いくつかのポイントがあります。

ポイント1 オンリーワン宣言をする

これらは実際に私が街中で見かけた店頭ボードです。

【中目黒・代官山でたった一軒のトルコレストラン】
【月島ただ一軒の手作りさつま揚げ】
【中野で唯一のお好み焼き屋】

いずれも東京都内の地名を盛り込み、「○○で唯一」というオンリーワン性を謳っています。オ

（蒲福商店／東京都中央区）

ンリーワンは、まさしくあなたのお店だけの独自性であり、「ウリ」として強力な材料になります。

ポイント2 ナンバーワン宣言をする

有名なお店なので、ご存知の方も多いかもしれませんが、ある喫茶店の店頭ボードには、

【銀座で一番美味しい和栗のモンブランのお店です】

というキャッチコピーが書かれています。

私はこのモンブランを実際に食べたことがありますが、確かに美味しいです。ただ、銀座一かどうかは定かではありません。

でも、それでよいのです。要は言ったもの勝ちです。

商品に欠陥があったのでは、いつしか口コミが広がり、淘汰されてしまいます。しかし、本当に自信がある商品ならば、自ら「ナンバーワン！」と宣言してしまえばよいのです。

また、少し変則的ではありますが、「究極の○○」というフレーズを使う手もあります。究極とはつまり、他に類を見ないほどのレベルという意味であり、ナンバーワン宣言といえます。

通常のナンバーワン宣言は、消費者や第三者からの〝支持の高さによるもの〟という印象を与えます。これに対し、「究極の○○」というフレーズは、お店側のこだわりがたっぷり詰まっている印象を与えます。上手に使い分けるとよいでしょう。

ただし、注意も必要です。

この種の宣言をするときには、商品は必ずひとつに絞らなくてはいけません。

多くの商品を売り込みたいがために、「アレもナンバーワン！」「コレもナンバーワン!!」と、欲張って複数の商品を紹介してはいけません。

「目玉商品」とはひとつだからこそ、強みとなり、集客の効果が期待できるのです。

ポイント3 ラストワン宣言をする

「ナンバーワン宣言」と似た方法として挙げられるのが、「ラストワン宣言」です。

ドライブに行くと、観光地や名所の前で、「この先にはもう駐車場はありません！　最後の駐車場です！」と書かれた店頭ボードをよく見かけませんか？

高速道路の入口付近のガソリンスタンドにも、「高速前の最後のガソリンスタンドです」などと書いてありますね。

これも立派な「お店のウリ」です。

ちなみに、このラストワン宣言は、店長の努力・力量次第で打ち出すことができます。

例えば、「営業時間は体力の続くまで。お客様に付き合います！」といった店頭ボードを出している居酒屋をたまに見かけます。

それならば、「○○で一番遅くまでやっているバー！　うちの店以外は閉店しちゃいますよ！」と書き換えてみてはどうでしょう。

このように、書き方をちょっと変えてあげるだけで、ラストワン宣言による「お店のウリ」ができて、「一番遅くまで飲めるお店に行こう」と、選ばれやすくなるのです。

ポイント4 お店の目玉商品を作る

さて、3つのポイントを挙げてきましたが、これ以外に商品・サービスの特長で引き付けるという方法もあります。

ある焼肉屋さんの店頭ボードなのですが、そこには、

【黒毛和牛メス牛専門店】


というメッセージが大きく書かれています。

一瞬、「え？　メス牛って何だ？」と目が留まりませんか？

実は高級肉やブランド肉といわれているものは、ほとんどがメス牛であり、このお店特有の商品というわけではないのですが、肉の知識がないお客様からすると、「どんな牛なのだ」と興味を引かれますよね。

「メス牛」のように、通行人にインパクト・衝撃を与える言葉を選別し、積極的に使うという方法もあります。

そうはいっても、アピールできるようなものが何もないという店長もいるかもしれません。その場合は、新しく「目玉商品」となるようなものを作ってしまえばよいのです。

ある居酒屋では、「5円メニュー」として、日替わりでいろいろなお刺身を、一皿5円で提供しています。

5円での料理提供は確実に原価割れだとは思い

ますが、居酒屋に入って「5円メニュー」だけを頼んで帰る人はまずいません。

何より、この「5円メニュー」という思い切った商品を作ることで、店頭ボードで通行人にアピールできる「お店のウリ」作りに成功しているのです。

また、最近飲食店でよく見かけますが、ビール一杯とおつまみ数品で「晩酌セット　500円」などといったお試し的な商品も、容易に作れる「目玉商品」といえるでしょう。

安価な商品を用意することで、「この価格なら、ちょっと試してみようかな」と気軽に来店・購入してもらいやすくなりますし、その後、お店のことを気に入って、ファンになってもらえる可能性もあります。

このように、たとえ目玉商品では採算が取れなくても、折込チラシや雑誌などに広告出稿する予算を考えれば、とにかく一度来店してもらうことのほうが、効果は高いといえるでしょう。

店頭ボード活用策

きっかけ戦略 2

来店のキッカケを作る3つの具体策

あなたのお店の前を、毎日毎日、通り過ぎる何百何千の人々。これらの人々を全員、お客様にすることができたら、こんなに嬉しいことはありませんよね。

では、たまたまお店の前を通りかかっただけの「買うつもりがなかった」お客様を、「なぜか買っちゃった」お客様にするには、どうしたらよいのでしょうか。

そのためには、購入・利用した後のワクワク感を、瞬時に想像させることが重要です。

そうしたワクワク感を起こさせるには、大まかに3つのパターンがあります。

ワクワク1

お得感をアピールする

近所のスーパーマーケットでは会員制を導入していて、毎週火曜日は会員価格で全品5％割引というサービスを行っています。

そのため、火曜日の店内は大混雑。私も必ず行って、ついつい買う予定のなかったものまで「せっかくだから」と購入してしまいます。

誰でもいつもの価格から少しでも安く商品を購入したり、サービスを利用できれば嬉しいものです。つまり、割引は購入・利用の大きなきっかけとなるのです。

美容院であれば、【新規の方はヘアトリートメントが5千円→3千円に！】

飲食店であれば、【本日ご来店のお客様はワインボトル半額セール！】

雑貨屋ならば、【在庫処分につき、特別価格で提供中】

というように、「割引」「安さ」という言葉を店頭ボードに用い、「今なら安く買える・利用できる」というメリットをアピールして、ワクワクしてもらうのです。

こうした直接割引だけではなく、例えば、「今日からすぐに利用できるクーポン配布中」などと記した店頭ボードを設置して、クーポンも添えて、間接的に割引を謳う方法もあります。

また、イベント・フェアの開催も、間接割引によるお得感演出のひとつの方法です。

ある居酒屋では、【サイコロを振って、奇数が出たら串盛りプレゼント！】

ある靴屋では、【シューズ試し履きで3千円チケットプレゼント中】

という店頭ボードを出していました。

イベントと店頭ボードは非常に相性のよい販促ツールです。

イベントというと「何だか準備が面倒そう」と尻込みしてしまう方もいるかもしれません。しかし、こんなちょっとしたイベントでも、お客様にしてみれば「今日、入店すればお得だな！」というワクワク感を起こさせることができます。

ワクワク2

お悩み解消をアピールする

これは、お客様が抱えているであろう悩みを提示し、「それを解決できますよ！」というメッセージを発信する方法です。

【あぁ疲れたが口ぐせのあなたへ　身体のさまざまな不調　根本から改善します】（マッサージ店の実例）

【歯並びで悩んでいる方、まずは無料カウンセリングへ】（歯医者さんの実例）

【最近、お肌がガサガサ……コラーゲン鍋がプルプルをつくる！】（飲食店の実例）

こうした身体に関するお助けメッセージだけではなく、あるアウトドアグッズ専門店では、

【水漏れ・撥水加工　レインウェアでお困りではありませんか】

と、持ち物の不具合を解決するメッセージを提示していました。

この手法をとるときに重要なことは、「ターゲットを絞る」ことです。

例えば、先ほどの歯医者さんの店頭ボードの例

で、左図のAとBのボードを比較してみるとどうでしょうか。

Aのボードのほうが強い訴求効果を感じませんか？

ターゲットを絞り、まるでたった一人のためだけに発信しているように演出することで、見た人の心により響かせることができるのです。

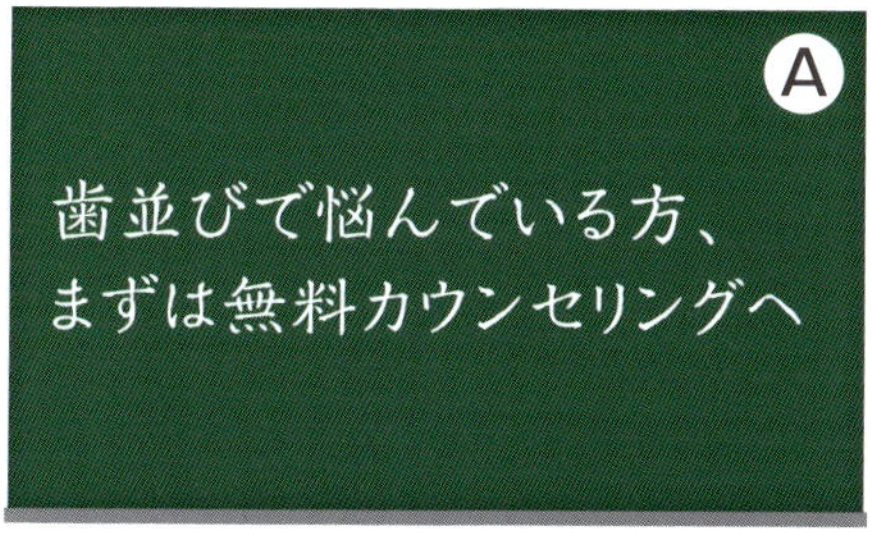
A
歯並びで悩んでいる方、
まずは無料カウンセリングへ

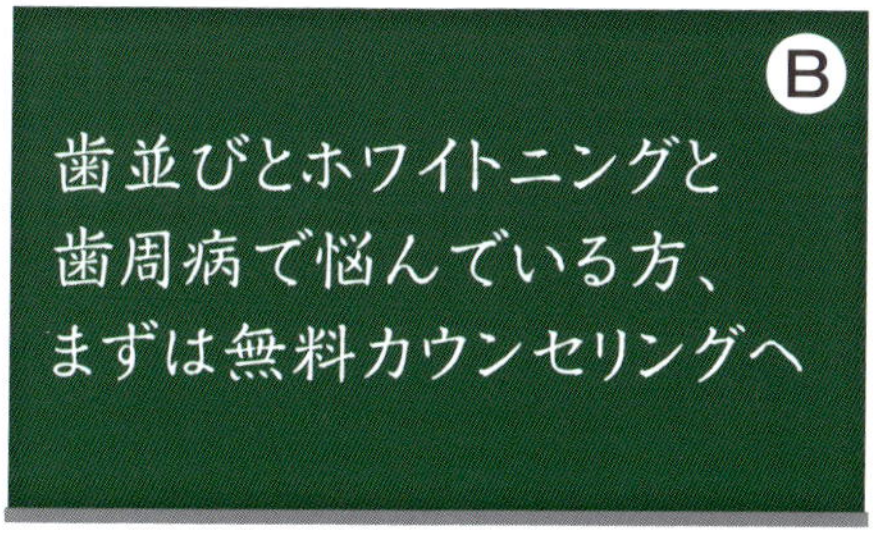
B
歯並びとホワイトニングと
歯周病で悩んでいる方、
まずは無料カウンセリングへ

また、ターゲットを絞った上で、「○○ではありませんか？」というように、話し言葉を使うのもポイントです。「○○ではありませんか？」と聞かれると、無意識にお客様は自問自答し、「そういえば……」と思ってもらえるものなのです。

ワクワク3 サプライズを提供する

驚きや「スゴイ！」という感動を与えることで、ワクワクしてもらおうというアイディアです。

店頭ボードではないのですが、ある居酒屋チェーンの入口の壁には大きな文字で「当店ではホールサービスに一切力を注いでおりません」というメッセージが書かれていました。

通常は逆ですよね。まさに「え？」というメッセージですし、「じゃあ、何に力を入れているのかな」と強く興味を引かれます。

また、商品に突出した特徴があるのなら、実物展示によるサプライズも有効でしょう。

靴のクリーニングというメニューを展開してい

（靴専科 門前仲町店／東京都江東区）

る、あるシューズ・リペアショップでは、「秋ブーツを洗いま洗科」と書かれた店頭ボードの隣に、「クリーニング前」「クリーニング後」の2つのブーツの実物を提示していました。

私は見た瞬間、「え、こんなにキレイにしてくれるの！」と、まさしく感動しました。

ワクワク＋リミット・限定を謳う

さて、3つのワクワク感で需要を喚起する方法を書いてきましたが、これらにプラスαすることで、さらに「買うつもりはなかったけど、思わず買っちゃった！」となる確率を上げることができます。それは「限定」を謳うことです。時間・地域・個数…など、何の限定でもかまいません。

時間限定の例：「タイムセール21時まで」「今日だけ特別」「本日最終日」……など

地域限定の例：「渋谷限定」「ココでしか買えない、完全オリジナル」……など

個数限定の例：「100個限定」「なくなり次第、終了」……など

「きっかけ戦略」でターゲットにするお客様は、元々は購入・利用の意思がなかった人です。それだけに、初めから購入意欲があったお客様に比べて、「やっぱりまた今度にしよう」と心変わりしてしまう可能性が高いのです。

しかし、リミットを設けることで、購入・利用へと後押しすることができます。

店頭ボード活用策

選んでもらう戦略 3

自店を選んでもらうためにプラスαを示そう

数ある競合ライバル店の中から自店を選んでもらうためには、他店との違いを打ち出し、「他のどのお店でもなく、絶対にこのお店でなくてはいけない」とお客様に思ってもらうことが必要です。

この戦略は、お店に行くことは決めているけれど、どこに入るかはまだ決めておらず、街中で「どうしようかな」と考えているお客様が対象となります。

そのため、近隣のお店と比較して、ほんのちょっとでもプラスαのポイントを積み上げて、抜きん出ている必要があります。

実例をいくつかご紹介します。あるカフェのメニューを書いた店頭ボードです。

【京都・宇治の老舗○○屋の抹茶を使った抹茶マロンラテ】

【世界で唯一、七つ星ホテルで使用されている茶葉で淹れた紅茶】

【栃木県の農園より直送される無農薬有機野菜を使用　ごはんは、つきたての胚芽米に五穀米をまぜて炊き上げています】

このように、自店の商品に他の店とは違う特長やこだわりがあるならば、それは差別化に直結するプラスαの魅力となります。ぜひ、積極的に店頭ボードに書いてください。

"数字"で魅力を打ち出す

プラスαの魅力は、商品の特長だけとは限りません。

オフィス街にある立ち食いラーメン店では、「麺は30秒で出てきます。混み合っていても、チョッとお待ち頂ければすぐできます！」と、書いた店頭ボードを出しています。

　オフィス街はランチタイムともなると、どこのお店も大行列です。そんな中、「すぐに食べられる店」という魅力で、この立ち食いラーメン店は常にサラリーマンで大混雑しています。

　もし、単に「待ち時間は少ないですよ！」と書いたのでは、大行列を見て、「こんなに混んでるのに、待ち時間が少ないはずないよなぁ……」と帰ってしまう人もいるかもしれません。

　このお店の勝因は、「30秒」と具体的な数字を提示したことです。

　もうひとつ、数字を使ってプラスαの魅力を打ち出した例を挙げましょう。

　あるバーでは、「グラスワイン20種類以上！世界のチーズ10種類以上！」という店頭ボードを出しています。

　たまに、下段右側のボードのように「各種取りそろえています！」「種類豊富」といったメッセージを書いた店頭ボードを見かけますが、具体的な数字が書かれた左側のボードと比べてみるとどうでしょう。

グラスワイン豊富！

グラスワイン20種類以上！

　たとえ、右のボードのお店のほうが実際には種類が豊富だったとしても、左のように具体的な数字を提示されるほうが、種類が多いように感じませんか。

　つまり、先ほどのラーメン店にしても、バーにしても、具体的な数字を出すことによって、お客様に明確な情報を伝えられ、魅力をより強くアピールできているのです。

「豊富」「多数」「たくさん」という言葉は曖昧であり、受け取り方は人それぞれ違います。

そうしたボードを見て、せっかく来店してもらったのに、「想像していたよりも品数が少ない」などとがっかりされてしまっては、大きなイメージダウンです。

些細なことでも魅力になる

今でこそ液晶テレビは珍しいものではありませんが、まだ普及しはじめで非常に高価だった頃に、あるカジュアルなイタリア料理レストランでは、大型液晶テレビを購入。店内に設置し、常時、プロ野球や大リーグ、サッカーなどのスポーツ中継を映していました。

そして店頭ボードには「巨人戦を店内でご覧いただけます」「ワールドカップ日本戦放映中」などと書いたのです。

この作戦は当時、大いにウケて、ワールドカップの放送時などは店内に人が入りきれないほど賑わいました。

つまり、プラスαの魅力とは、自ら作り出すことができるのです。それもほんのちょっとしたことでかまわないのです。


「携帯電波入ります」

「おひとり様歓迎」

「タバコ吸えます」

「団体様ＯＫ」

「お持ち帰りできます」

「赤ちゃん連れでもご利用ください」


これらも店頭ボードに書くことで、立派なプラスαの魅力となります。

ささやかな一言でもお客様の心をとらえられる

以前、福岡に旅行したとき、実にささやかな一言で、入店を決めたことがあります。福岡といえば屋台が有名です。特に、中州・天神・長浜といった屋台スポットには、それこそ何軒も屋台が連なっています。

初めて福岡を訪れた私は、どこに入ったらよいのか決めかねてウロウロしていました。そんなとき、ある一軒の屋台の入口に、「店内、冷房きいていますよ」という貼り紙を見つけました。

ちょうど真夏の蒸し暑い夜だったので、即座にその屋台へ入ることを決めました。

もしかしたら、お隣のお店と比較しても、涼しさに差はなかったのかもしれません。でも、こんなささやかな一言でも、お客様の心をとらえることはできるのです。

「いちいち、こんなことは言う必要ないかな……」とためらって書かなかったために、お客様をとり逃がしている可能性もあります。

繰り返しになりますが、店頭ボードはいくらでも書き換えられます。「やっぱり効果がないな」と思ったら、違うメッセージに変えればよいだけです。どんなにささやかな一言であっても、試しに書いてみましょう。

マスコミへの掲載を働きかけてみよう！

マスコミ掲載も大きなプラスαの魅力です。

店頭ボードに「〇〇〇6月号に載っています！」「テレビで紹介されました！」「モデルの◎◎さんのオススメ」などとあると、それだけで大きな魅力となります。

「よほどの有名店・人気店でなければマスコミに取材してもらえないのでは？」と思われるかもしれませんが、そんなことはありません。

飲食店関係の雑誌記者をやっている方の話によると、週刊・月刊のサイクルで常に新しいネタを書かなくてはならないので、ネタ探しが非常に大変なのだそうです。そのため、ネタを提供してもらえるのは、とてもありがたいことなのだとか。

もちろん、どんなお店でも取材してもらえるわけではないでしょうが、まずは、掲載してほしい媒体向けに、メールやFAXで、「こんな変わったことをやっているんです！」「こんな人気商品があります」と、アピールしてみてはどうでしょう。

こうしたノウハウについては、インターネットで「プレスリリース」と入力して検索すると調べることができますので、一度チェックしてみてください。

（割烹 加瀬政／東京都豊島区）

店頭ボード活用策 4

リピート戦略

「いつも同じ」じゃダメ

お客様にリピーターになってもらうには、当然、お店の商品・サービスを気に入ってもらうことが第一条件です。その上で、店頭ボードを活用すると、リピーターづくりを強力にサポートすることができます。名付けて「リピート戦略」です。

リピートの大敵は〝飽きられること〟です。最初に店頭ボードを発見してもらった際には、「何の店頭ボードかな？」「どういう内容が書かれているのかな？」と、注目してもらえます。

けれど、いつも同じ内容では、読んでもらえなくなるばかりか、見慣れた店頭ボードは景色の一部になってしまい、誰の視界にも入らなくなるおそれがあります。

必ず見てもらえるボードにするには？

「リピート戦略」においてめざすべきは、お店の前を通ると必ず見てしまう店頭ボード、もしくはわざわざ遠回りしてでも足を運んでもらえるような店頭ボードを作ることです。

そのためには、「変わり続ける店頭ボード」でなくてはなりません。

例えば、「お知らせ戦略」のところで、日替わりで「5円メニュー」を提供している大衆居酒屋を紹介しましたが、このお店では当然、店頭ボードで「今日の5円メニュー」を紹介しています。5円メニューは毎日違うので、そこに書かれている内容も毎日、変わります。

私は2年ほど前にこの店頭ボードを発見したのですが、いまだにこのお店の前を通ると、「今日の5円メニューは何だろうなぁ」と気になってしまい、必ずボードをチェックします。また、自分の好物が5円で提供されていると、思わず暖簾をくぐってしまいます。

ある印鑑屋さんでは、週替わりで5〜8個程度の商品の値下げ販売を実施。それを「今週の特価商品」として、店頭ボードで案内しています。

また、飲食店の日替わりランチを記した店頭ボードもこれに当たります。

つまりは、店頭ボードの内容を定期的に更新・進化させて新鮮なボードにすることで、「何か新しい情報はないかな」と、道行く人々の注目を集め続けることができるのです。

「変わらないボード」も用意しよう

さて、「リピート戦略」では、守るべき注意点があります。

それは、店頭ボードは2種類を用意するということです。

どこのお店でも、何年も売れ続けている定番商品や人気メニューがあると思います。

当然、お客様の中には「あの定番商品が好きだから、いつも来店する」という人も大勢いるはずです。

また、来店するのは2回目という人や、前回の来店は1年以上前というような、いわばプチ・リピーターもいるかもしれません。

それなのに、日替わり・週替わりメニューを書いた「変わり続ける店頭ボード」しかなかったらどうでしょうか。「もしかしたら、お気に入りのあのメニューはなくなっちゃったのかな？」と思われてしまう可能性もあります。

そこで、それらのお客様を取りこぼさないように、定番商品・人気メニューを記した「変わらない店頭ボード」も必要なのです。

「変わり続ける店頭ボード」と「変わらない店頭ボード」は、違う材質・違う色のものを使用します。

「変わり続ける店頭ボード」は、一目で「何か新しいことが書いてあるぞ！」と注目してもらい、呼び寄せるためのものです。

それなのに、両方ともブラックボードに書いたり、同じような色味のものに書いていたのでは、違いがわかりにくくなり、意味がありません。

「変わらない店頭ボード」にブラックボードを用いたら、「変わり続ける店頭ボード」は、白いボードや白い画用紙にサインペンで手書きするというように、一見して「別のもの」とわかるようにしましょう。こうすることで、「今日は何かな」というリピーターにも、「まだあるかな」というプチ・リピーターにもアピールできます。

“路上ブログ”ボードで常に情報を発信

「変わり続ける店頭ボード」に書くことは、商品やサービスについてだけではなく、アイディア次第でいろいろと変えることが可能です。

あるインテリア材料のお店では、店頭ボードで毎日、「今日は何の日？」として、その日の記念日の紹介と、数行のミニコラムを書いていました。いわば、路上ブログです。

「そんなに毎日、記念日なんてあるの？」と思うかもしれませんが、記念日は、実はたくさんあります。インターネットで検索してみるとわかりますが、毎日、何かの記念日になっているのです。

ちなみに、私の誕生日は1月2日です。この日は《初夢》《初売り》他、《月ロケットの日》という記念日でもあります。

最初はこのインテリア材料のお店の前を何気なく通り過ぎていたのですが、そのうち、「今日は何の日だろう」と気になるようになり、最終的には、わざわざ回り道をして、毎日、店頭ボードをチェックするようになりました。

ただひとつ残念なのは、このお店のボードには本業と関係ないミニコラムが書かれていた点です。できることなら、もっと自店の商売に関連するメッセージのほうがよいでしょう。

靴屋さんならば「梅雨時の靴の手入れ方法」や「冠婚葬祭の時の靴のマナー」などを紹介してあげるとよいかもしれません。また魚屋さんならば「旬の魚の栄養」「もっとも美味しい食べ方」なども面白いですね。

お店側からすると常識と思える情報でも、お客様からすると、「え、そうなんだ！」ということもあります。そういう内容こそが、お客様を引き付けることができるのです。

特別な関係を築くための“特別扱い”を

あるお菓子屋さんの店頭ボードには、「お誕生日おめでとうございます!!」というメッセージの下に、○○ちゃん・○○くんなどというように、名前を書いていました。バースデイケーキを購入してくれた子の名前を、サービスで書いているのだそうです。

たまに温泉旅館で、正面入口に本日の宿泊者として、「歓迎・○○様」と名前を張り出しているところがありますが、これに近い例かもしれません。お祝いや歓迎のメッセージとともに名前を書いてもらって、嫌な気持ちになる人はそうそういないはずです。

また、名前を書くことはお金もかからず簡単にできるサービスですが、お客様にしてみれば「あのお店は、わざわざ自分の名前を書いてくれたんだ！」と嬉しくなりますし、「自分は特別扱いされたのだ」と思うものです。

特別扱いはリピートを生む要素のひとつです。お店側が常連さん扱いをしたり、ＶＩＰ扱いしてくれると思うと、お客様はそのお店を贔屓にします。

ただ、あまりにも露骨にやると他のお客様から嫌がられる可能性があります。嫌味にならない程度に実施することで、リピーターの獲得率が変わってくるでしょう。

"定期"の更新が固定客を掴む！

店頭ボードに変化をつける頻度には、定期性をもたせるようにしましょう。

「リピート戦略」は、常に変化を続けることで、お客様に店頭ボードを見る癖をつけてもらい、最終的にはお店の前まで引っ張ってくることが目的です。

それなのに、更新する週があったりなかったりではどうでしょう。

先ほど、路上ブログという言葉を使いましたが、実際のインターネットのブログでも、読者を多く獲得する秘訣のひとつは定期更新です。

ブログの場合、最初のうちは「更新されたかな？」とチェックしてもらえるでしょうが、更新がマチマチだったり、ごくたまにしか更新されていないと、「どうせ見にいっても同じだろうな」と、読者は徐々に離れていってしまいます。

店頭ボードの場合、更新は毎日である必要はありません。もちろん、回数は多いに越したことはありませんが、３日間毎日書き換えたかと思ったら、次の３週間はまったく変わらない……というような状況よりは、１週間に１回、しっかりと継続して新しくするほうが、リピーター獲得にはよっぽど効果的であり、重要なのです。

店頭ボード活用策

イベント活用戦略 5

天候・行事・特別な出来事は財布のヒモが緩むチャンス

入学式や成人式といった人生のイベント、クリスマスやお花見といった季節のイベントのとき、消費者は「一生に一回のことだし……」「せっかくだから……」と、いつも以上にお財布の紐を緩める傾向にあります。

また、「巨人が優勝したから、お祝いをしよう」「今日は寒いし、一杯飲んで温まっていこう」というように、時事ニュースや日々の天候を理由に財布を開ける人も多いでしょう。

つまり、イベントやニュース、天候などは上手に活用することで、集客・客単価アップにつなげられる可能性が高いといえます。

「あやかり精神」で自店と結びつけよう

「うちのお店は業種的にイベントとかニュースに関係ない」という店長もいるかもしれません。しかし、それは大きな間違いです。

例えば、本屋さんの店頭ボードというと、新刊の案内がメインです。

しかし、バレンタインの時期には手作り菓子のレシピブック、ゴールデンウィーク前にはガイドブックなど、「○○書籍の特集やっています」と、世間のイベントと連動させた店頭ボードを作ることができます。

ニュースも同じです。首相交代の報道がされたならば、新首相や内閣メンバーの既刊本や関連した書籍を、オリンピックで金メダルを取った選手がいるならば、そのスポーツの入門書・関連書を取りそろえて、店頭ボードに「○○関連書籍の特集やっています」と掲げることができます。

また写真屋さんならば、入学式・卒業式シーズンや七五三などのイベント時には、「記念写真をどうぞ」と一大キャンペーンを打っているところが多いと思います。けれど、クリスマスやバレンタインにアクションを起こしている写真屋さんは、少ないようです。

そこで、バレンタインに「カップル記念写真はいかがですか?」などという店頭ボードを出してみてはどうでしょう?

「うちのお店には関係ない」と思ってしまうと、みすみすビジネスチャンスを逃すことになります。自店には関係なさそうなイベントや天候、ニュースも、「どうにかして関連づけることはできないかな」と、前向きに捉えていく「あやかり精神」をもつことで、それらを集客に活かせるのです。

とはいえ、単に「クリスマスフェア開催中」「ビール冷えてますよ!」というようなメッセージでは、埋没してしまいます。

そこで、「発想の転換」と「企画力」が重要に

なるのです。

　例えば、2月3日の節分の日、太巻きを食べる「恵方巻き」という風習がありますね。

　もともとは関西の風習ですが、最近は関東にも広まり、今では恵方巻きの形をしたロールケーキやパン、さらにはオムライスといった、さまざまな波及商品が発売されています。

「恵方巻きとケーキなんてまったく関係ない」

　これが大半の人の考えでしょう。

　しかし、柔軟な発想をもつことで、このロールケーキの会社は新たなビジネスチャンスを作り出すことに成功したのです。

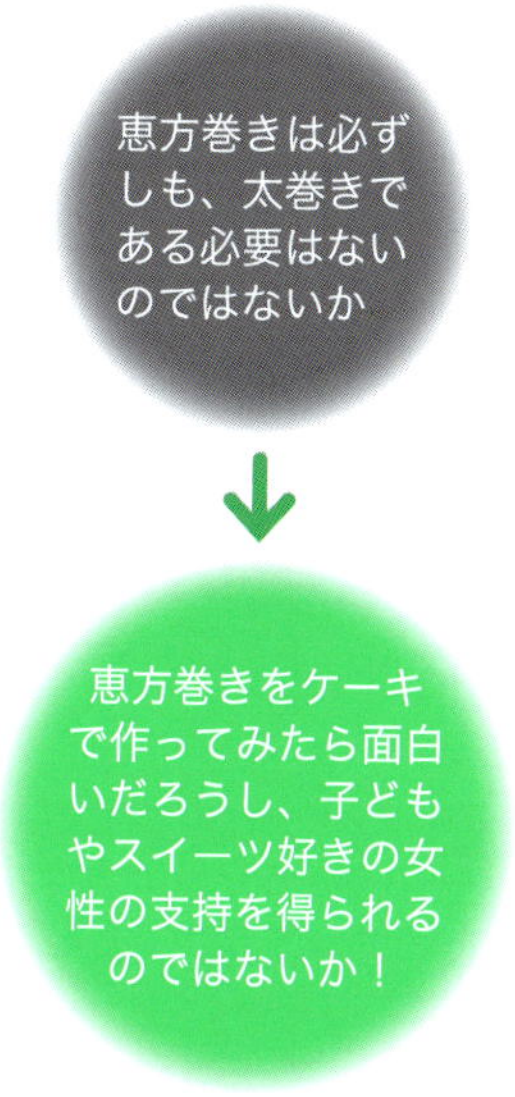
恵方巻きは必ずしも、太巻きである必要はないのではないか
恵方巻きをケーキで作ってみたら面白いだろうし、子どもやスイーツ好きの女性の支持を得られるのではないか！

マメな対応とアンテナ力を磨きましょう

　さて、あらゆる出来事を集客のチャンスにするべきだといいましたが、こうしたイベントは大きく2種類に分けられます。「人生や季節のイベント」と「天候やニュースなどのイベント」です。

「人生のイベントや季節のイベント」は、あらかじめ予定・決定されているものがほとんどです。明日、急に結婚式をやろう！　ということは、まずありませんよね。こうしたイベントには、事前に準備をして対応することができます。

　一方、「天候や時事ニュース」はその当日になってみないと、どうなるのかはわかりません。だからこそ、CHAPTER2で述べた店頭ボードのメリットである「臨機応変な対応力」がフルに発揮できるのです。

　こうした天候や時事ニュースに対応するには、「逆転の発想」「企画力」とともに、「マメさ」が必要になります。

例えば、梅雨も明け、夏本番。

「暑い日は、ご帰宅前に冷たいビールで涼んでいきませんか」という店頭ボードを作ったとします。

でも、夏といっても、うだるような猛暑の日もあれば、秋のように涼しい日、豪雨の日もあります。

涼しさを感じる日に「暑い日は……」という店頭ボードを出して、はたして道行く人の心に響くでしょうか。

むしろ、「こんな涼しい日に、何をいっているのだろう」とイメージダウンになる危険性もあります。つまり、天候ネタなどを書く場合には、コマメな店頭ボードのメンテナンスが必要になるのです。

また新聞・雑誌・テレビ・ネット・口コミなど、何かボードのネタになるようなニュースはないかと、常にアンテナを張っていなければなりません。

そう考えると、この「チャンス活用戦略」は、「企画力」「発想の転換」が必要で、「マメな対応」が求められ、しかも「アンテナを張る」という、もっとも努力を要する戦略といえます。

しかしこれは、現在、商品やサービスに大きな特長がなく、立地的に多少不利であったとしても、企画力次第では繁盛のチャンスを掴むことができるということでもあるのです。

店頭ボード活用策

刷り込み戦略 6

お客様の記憶に残す「記号化」をしよう!

どんなに優れた店頭ボードを出していたとしても、お店の前を通りかかったお客様全員が、すぐに来店してくれるわけではありません。

お店の前を通ったときに興味をもってもらえたとしても、後からお店の存在を思い出してもらえなくては意味がありません。

そこで重要になるのが、お客様の記憶にお店を残すことです。言い方を変えると「刷り込み」をするということです。そのためには、お店のことを覚えやすいよう、特徴を単純化=記号化する必要があります。そうすることで、道行く人の記憶に残る確率が上がるのです。

お店の「記号」をつくるには?

では、記号化とは具体的にどうすればよいのでしょうか。

例えば、目の前に2軒のイタリア料理レストランがあったとします。

Ⓐ:「イタリア料理○×」と店名を記したボードを掲げているお店

Ⓑ:大きな「イタリアの国旗」を店頭に掲げているお店

さて、この2軒のうち、どちらの存在が、後々まで記憶に残ると思いますか。

おそらくBの国旗を掲げているお店が、より記憶に残るはずです。

これには脳の仕組みが関係しています。

言葉や文字の情報は左脳がつかさどり、画像や映像などのイメージ情報は右脳がつかさどっています。

左脳はその記憶できる容量に限界があり、新しい言葉・文字を覚えると古い情報に上書き保存していく構造のため、長い間、覚えておくことが苦手です。

しかし、右脳は、左脳とは比較にならないほど容量が大きい上、記憶する能力が高いといわれています。

つまり、画像や映像などのイメージのほうが、

(トッポリーノ 門前仲町店／東京都江東区)

長く記憶に残る確率が高いのです。

ある風景を見て、「ここは前にも来たことがある」と、忘れていた記憶が呼び起こされることがあります。

その一方で、いつも前を通っていて、お店の場所は思い浮かぶけれど、何のお店でどんな店名だったか思い出せないことって結構ありませんか？

つまり、確実にお客様の記憶に残すためには、先ほどの「イタリア国旗＝イタリア料理」のように、イメージ情報でお店をアピールしていくことが有効だといえます。むしろ店名は端っこで小さく告知する程度でかまいません。

「そうはいっても、お店の名前を覚えてもらわなくては、ダメなのではないか」と思う人もいるかもしれません。

しかし、「イタリア料理が食べたいな」と思ったときに、「どこにあるか覚えてないけど、○○というお店がある」というより、「あそこにイタリア料理のお店があった」と思い出してもらうこ

とのほうが重要です。

場所がわからなければ、当然、来店してもらえないからです。店名を覚えてもらうのは、2度3度と来店してもらった後でも決して遅くないはずです。

多くの人が共感するもので「記号化」しよう

国旗以外に、お店をビジュアルに象徴するアイテムには、どういうものがあるのでしょうか。

大きなサボテンを飾っているメキシコ料理レストラン。

マトリョーシカというロシアの人形を飾っているロシア料理店。

ある郷土料理のお店では、「かかし」「臼」「杵」「ススキ」「藁ぞうり」を飾ることで、ふるさと・田舎の演出をしていました。

また、お店にあるものを利用する手もあります。

ある七輪焼肉のお店では、実際に店内で使用し

ているセ輪を店頭入口付近にディスプレイ……というよりも山積みしています。これはやはり目を引きますし、「この店はセ輪焼きのお店だ」というアピールにもなり、記憶に残る可能性は高いでしょう。

アイテムは自作でもかまいません。あるビアバーでは、画用紙でジョッキを作り、セロファンでビールの泡を再現したビアジョッキを工作し、黒板に貼り付けていました。

ポイントは、多くの人が「この業種・ジャンルのお店といったらコレ」と、共感・連想できるアイテムを選択することです。

単に奇抜なモチーフを使えばよいわけではありません。「店頭に派手な置物があるけど、あれは何屋さんだろう」と思われたのでは意味がありません。

文字情報を記憶してもらうコツ

「あそこに○○のお店があった」と認識してもらえたものの、なかなかタイミングが合わず、来店してもらえないこともあります。

欲をいえば、「営業時間は何時までか？」「定休日は何曜日か？」といった情報も一緒に、頭の中にインプットしてもらいたいものです。

文字を記憶してもらうには、いくつかのコツがあります。それらを踏まえることで、文字情報も記憶に残せる確率が増します。

少しでも多くの情報を伝えようと、はみ出さんばかりに情報を書き込んでいる店頭ボードを見かけますが、記憶に残すという観点からは失敗です。残念ながら、たくさんの情報がありすぎて、結局、どれが重要なのかわからず、何も頭に残らないのです。

情報を覚えてもらうには、整理して絞り込むことが必要です。記憶に刷り込むためのキーワードは、先ほどと同じく記号化です。つまり、情報は絞って、単純化していく必要があるのです。

例えば、ある理髪店で説明します。左図上のように10の特徴が店頭ボードに書かれていたとします。

いかがでしょうか？

特徴が多すぎて、何ひとつ、印象に残せない可能性もありますね。人間が一度に記憶できることは2つ、最大でも3つだと思ってください。何もかも伝えようとするのではなく、何をもっとも伝えたいかを吟味する必要があります。

この理髪店の場合は、左図下のように、情報を絞ることで記憶してもらえる可能性が増します。

また、耳に心地よいフレーズも心に残りやすいものです。

特に、日本語は5文字と7文字を組み合わせる

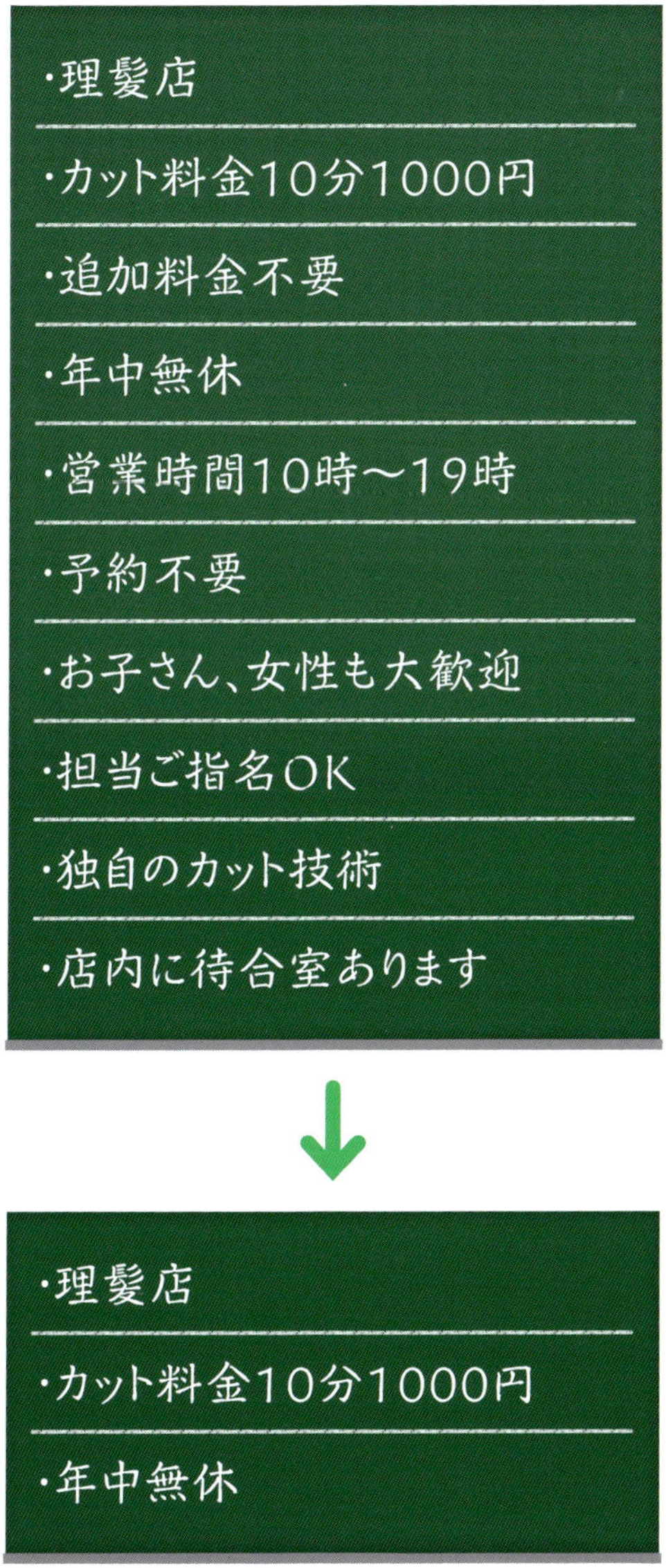
・理髪店
・カット料金10分1000円
・追加料金不要
・年中無休
・営業時間10時〜19時
・予約不要
・お子さん、女性も大歓迎
・担当ご指名OK
・独自のカット技術
・店内に待合室あります
・理髪店
・カット料金10分1000円
・年中無休

と、リズム感のよいフレーズになる場合が多いです。俳句や和歌などは5文字・7文字で構成されているので、耳に慣れているのかもしれません。

もちろん例外もありますから、コピーを考えるときは紙に書くだけでなく、実際に口に出して、言いやすさ・覚えやすさを確かめるとよいでしょう。

インパクトがあれば、オヤジギャグでも可！

ダジャレやギャグ、方言を用いて、インパクトを狙う方法もあります。

あるリフォーム会社では「変えるなら奥さんよりも壁の色」というコピーを用いています。一歩間違えると苦情が殺到しそうなコピーです。でも、それだけ見た人の心にドカンと残るコピーともいえます。

また、CHAPTER2で述べた「店頭ボードのメリット2」の「遅効性のアピール力」で、昼15時からやっている居酒屋の例を紹介しましたが、個性を前面に押し出すことで、印象に残すこともできます。

そういう意味で、方言を使うのもインパクトを与えられます。

ある鉄板焼きのお店では「〇〇あるでぇ」と関西弁で書いています。

郷土料理のお店では、臼やススキの隣に、「まんず、まんず、座（ね）まってけれ」と書いた店頭ボードを出しています。

都会の人間からすると、方言は個性とともに、どこか温かみを感じさせ、親切なサービスを連想させます。上手に活用してみるとよいでしょう。

店頭ボード活用策

時間外戦略 7

閉店時間後こそが、新規客獲得の大チャンス

さて、いよいよ最後の戦略です。私はこれまで数多くの店頭ボードを見続けてきましたが、ひとつ、疑問に感じていることがあります。

それは、営業時間中は素晴らしい店頭ボードを出しているお店が数多くあるのに、閉店後は、なぜ何の宣伝もしないのだろうということ。

せいぜい、メニューや営業時間・定休日の案内を壁に貼り付ける程度か、「CLOSED」「支度中」「準備中」といった素っ気ないプレートだけのお店が多いのです。

街の条例や盗難の危険から、営業時間中と同じようなボードを出すのは難しい場合もあるかもしれません。

しかし、営業していない時間でも、人通りの多い・少ないの差こそあれ、お店の前を行き交う人々はいるはずです。

それらの通行人に対して何のアピールもしないのでは、たくさんのお客様候補をみすみす逃しているといえます。これでは非常にもったいないと思いませんか？

24時間365日アピール

あるお弁当屋さんでは、閉店後、閉ざした店舗の壁一面に、メニューと、A4サイズに拡大したお弁当の写真を約20枚ほど貼り付けています。ポスターを貼っているお店はよくありますが、壁一面に拡大写真を貼り付けているお店は少ないので、非常に目立ちます。

その上、それらの写真は128ページのコラムで紹介するようなシズル感のあるものばかりで、思わず足を止めて見入ってしまいます。

このお弁当屋さんはオフィス街にあり、15時を過ぎると扉を閉めてしまいます。けれど、オフィス街の15時は、まだまだ人通りがあります。

おそらくかなり多くの人に、閉店後もお店をアピールすることに成功しているはずです。

（J-BOY／東京都中央区）

もし、営業時間外に、スタッフに店頭に立ってもらってお店の宣伝をしたら、当然、人件費がかかります。しかし、店頭ボードを利用すれば、余計な人件費や残業代もかけずに、24時間３６５日、常にアピールし続けることができるのです。

クローズド時こそお店の価値が決まる

営業時間外にどのような店頭ボードを出すかは、そのお店の価値・印象に大きな影響を与えると思います。

ある2つのレストランの実例を紹介しましょう。

両店とも、ランチタイム営業後、ディナータイム営業までの休憩時間に出していた店頭ボードです。A店では、

「お休み中　そっとしておいてください」

と書いた店頭ボードを出していました。

そしてその隣には、

「当店では分煙にご協力いただいております」という店頭ボードも出しています。

このA店では、2つも店頭ボードを出しているにもかかわらず、いつになったら休憩時間が終わるのか、ディナーの営業は何時から始まるのか、一切、記されていませんでした。

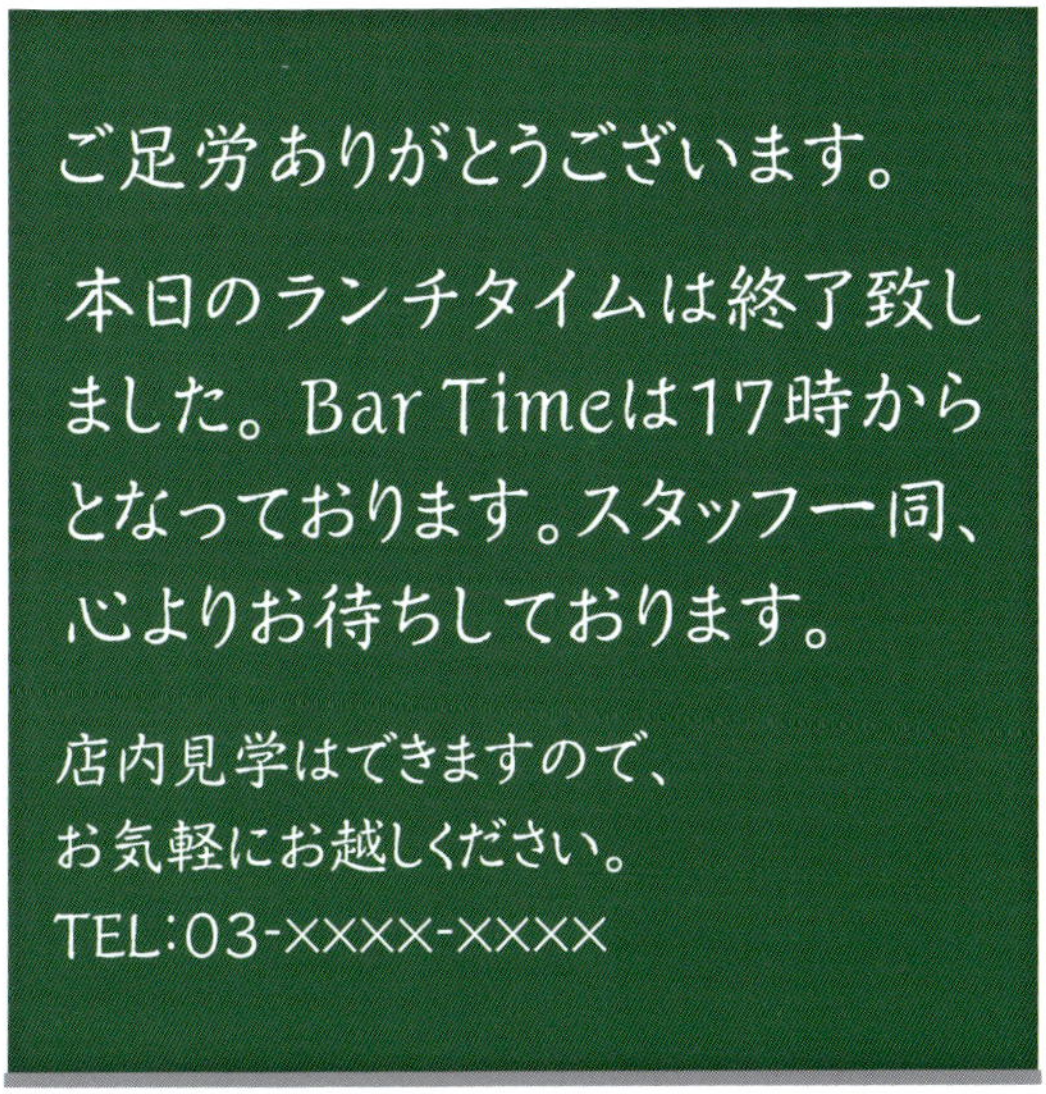
ご足労ありがとうございます。
本日のランチタイムは終了致しました。Bar Timeは17時からとなっております。スタッフ一同、心よりお待ちしております。
店内見学はできますので、
お気軽にお越しください。
TEL:03-XXXX-XXXX

一方、B店では上図のような店頭ボードを出していました。

店頭ボード内で、きちんと夜の営業が始まる時間を案内している上、かたわらには店内で使用しているメニューブックもくくり付けてあり、どのような料理を提供しているのか、価格帯はどれくらいなのかも確認できるようにしています。

この2店を比較した場合、どちらのお店に好感をもちますか。

もちろん、A店はシャレのつもりで「そっとしておいてください」という店頭ボードを出しているのだとは思います。しかし、これを店員さんにいわれたら、どう感じますか？

一歩間違えれば、クレーム問題にもなりかねません。

このように、時間外は店頭ボードに手を抜いてしまうお店がほとんどです。

そこでB店のように、きちんとした店頭ボードを出していると、末端まで意識が行き届いているという印象を与え、きめ細かいサービスが期待できそうだと思わせてくれます。

「店頭ボードを見たいのに、見られない」

実は、時間外に店頭ボードを出すことは、単純に、通行人へのアピール時間を増やすというメリットだけではありません。

「店頭ボードを見たくても、見られない人」へアピールすることもできます。

この「店頭ボードを見たくても、見られない人」には大きく2種類があります。

①物理的に不可能なケース

営業時間が朝10時~夜22時で、土日が定休日という中華料理店があったとします。

例えば、朝8時に自宅を出て、帰宅は23時過ぎという会社員の場合、通勤時に毎日、お店の前を通っていたとしても、この中華料理店が時間外に店頭ボードを出していなければ、当然、それを見ることはできません。

そのため、近くに住んでいながら、どういうお店なのかまったく知らないということもあり得ます。

②精神的な理由から見られないケース

お客様の中には「店員さんに売り込まれたくない」という気持ちを強くもっている人がいます。

そのため、お店に興味があったとしても、賑わいのある営業時間中は、「話しかけられたら面倒」と思い、店頭ボードをじっくりと見ることをためらう人もいます。

また、これとは別の理由で店頭ボードをじっくりと見られないケースもあります。

男性の場合、ケーキショップやフラワーショップ、エステなど、女性客が大半を占めるお店への入店はもちろん、店頭に立ち止まり、店頭ボードに見入ることすら抵抗を感じる人は多いものです。

これは女性の場合も同じです。ラーメン屋、牛丼屋、立ち食い蕎麦、いわゆるオジさんが多いガード下居酒屋などに興味があったとしても、立ち止まって、店頭ボードを見ることに抵抗がある人はいます。

では、こうした店頭ボードを見られない人々がお客様候補ではないのかといったら、それは違います。

営業時間外にも店頭ボードを出していて、どういうお店なのかを認識してもらうことができれば、安心感を抱いて来店してくれるかもしれませんし、「よさそうなお店があるよ」と口コミで宣伝してくれるかもしれません。

実際、店頭に「男性の方もお気軽にどうぞ！」というプレートと施術メニューを掲示しているネイルサロンもありました。

しかし、いくらお店側が「お気軽にどうぞ！」というボードを出したところで、女性客が多くを

占めるネイルサロンの店頭で男性が立ち止まることは、少々気恥ずかしさがあるはずです。けれど、営業終了後ならば、店員さんも他のお客様もいないので、ゆっくりと施術メニューを見てもらうことができるでしょう。

つまり、営業時間外に店頭ボードを出すことは、「ふだん、店頭ボードを見られない人」に、じっくりとお店のことを知ってもらえる大チャンスであり、今まで知らずに逃していた、見えない新規客を呼び込む大きなきっかけも秘めているのです。

「ふだん、店頭ボードを見られない人」を取り込むためには、営業時間中に出す店頭ボードとは別のボードを用意し、営業時間のものよりも、より商品やサービスについて、詳細な説明をするとよいでしょう。

例えばネイルサロンであったら、施術のメニューや料金の詳細な説明はもちろん、店内やネイリストの写真を貼ったり、他のお客様から頻繁に聞かれることを「よくある質問」として、回答とともに貼り出すのもよいかもしれません。

どういうお店で、どんな商品・サービスを行なっているのか。時間外には、自己紹介をメインに、安心して来店してもらえるような店頭ボード作りを心がけるとよいでしょう。

時間外の店頭ボードには特典をつける

営業時間外の店頭ボードは自己紹介をメインに作るべきといいましたが、時間外ということは、お客様には、後で再びお店まで足を運んでもらう必要があるわけです。

そこで、単に自己紹介だけでなく、来店率を上げるための仕掛けを作るべきでしょう。

その仕掛けとは、「わざわざ時間外に店頭ボードを見てよかった！」という〝お得感〟を提供することです。

先ほどのレストランのように、ランチタイムとディナータイムの2部営業制のお店だったら、ランチ営業終了後からディナータイム開始までの間には、こんなメッセージを書いてみてはどうでしょう。

【閉店時間中にもかかわらず、店頭ボードを見ていただき、ありがとうございます。感謝を込めて、ご来店時には、特別に一品サービスいたします！】

「きっかけ戦略」でも触れましたが、いつもの価格からちょっとでも安かったり、おまけのサービスがあったりすると嬉しくて、ついつい購入・利用したくなるものです。

まして、時間外に店頭ボードを見た自分だけが得するとなるとどうでしょう。そうした特別扱いが、来店の後押しをしてくれるはずです。

なお、営業時間外に出す店頭ボードを作るにあたっては、デパートやアパレルショップなど、ファッションに関係するお店のショーウィンドウが非常に参考になります。

ファッション関係のお店では、大概が閉店後も一晩中ライトアップをし、常に「見せる」ということに力を入れています。

特に参考になるのは、一流ブランドやデパートのような高価格帯のお店よりも、中価格帯のショップのショーウィンドウです。

一流ブランドやデパートのディスプレイは、販売よりもイメージやデザインを重視しているところがほとんどですが、中価格帯のお店ですと、「売る」ことを念頭に置いたショーウィンドウを展開しているところが多くあります。

開店前の銀座や渋谷を散歩してみると、よいアイディアが浮かぶことがあるかもしれません。

COLUMN

写真を使うなら「接写」モードで!

店頭ボードに料理の写真を貼ると、よりお客様に訴えかけることができます。

このとき大切なのが、“シズル感”。

「シズル感のある写真」というのは、おいしそうな感じが伝わる、思わずヨダレが出そうになる写真のことです。こうした写真を上手に使ってお客様の五感を刺激し、「食べたい」と思わせるのです。

今のデジカメは2万～3万円程度のものでも、シズル感を演出することができます。コツは、できるだけ対象物に寄り、「接写」モードを使って撮ることです。

例えば、ランチセットの写真では、プレートの上のおかず全体が写るように、ちょっとカメラを引いて撮ってしまいがちです。こうした写真でおいしさを伝えるのは難しく、たいていは献立を紹介するだけの写真になってしまいます。

しかし「接写」モードにして料理に接近して撮ると、一部分にだけピントが合って前後がボケた、自分でもびっくりするくらいおいしそうな写真になります。

最近、自分の手料理やレストランで食べた料理をブログで紹介している方が多いですが、「わ～、おいしそう」と感じる写真は、ほとんど接写で撮られたものです。

こうしたグルメブログの写真は勉強になりますので、ぜひチェックしてみてください。

CHAPTER 6
威力を
3倍にする
18のアイディア

最後に、思わず足を止めてしまう
店頭ボードにするための、
さまざまなアイディアを紹介したいと思います。
アレンジは自由です。
自店に合うものをぜひ試してみてください。

ちょっとした工夫で、もっとお客様を引き寄せる店頭ボードになる！

・集客力がアップするアイディア

1 挑発してみる

店頭ボードは、単に「こんなに素晴らしいんですよ！」「こんなこだわりがあるんですよ！」と商品の特長を挙げ、「だから買ってくださいね！」とアピールするだけが策ではありません。

お客様のチャレンジ精神や好奇心をかきたてるようなメッセージを発信することで、購入意欲を刺激することもできます。

偶然、２つのラーメン屋さんで、挑発メッセージを用いた店頭ボードを発見しました。

【昨日の替え玉最高記録　男性5回・女性3回　あなたも記録を更新してみませんか？】

【本格しびれ風味　らーめんの辛さだけでは物足りない方に】

大食いに自信のある方、辛いもの好きな方なら、思わず好奇心をそそられるコピーではないでしょうか。

ただし、挑発メッセージといっても、「あなたにできるんですか？」といった上から目線や、本当に喧嘩をふっかけるようなニュアンスにならないように注意する必要があります。

・集客力がアップするアイディア

2 クスっと笑わせる

陰気くさいお店に入りたいと思うお客様はいません。明るい接客、感じのよいサービスこそ、お客様に選ばれる絶対条件のひとつです。

そのために、ちょっとした笑いを誘うボード作りを心がけましょう。

例えば、居酒屋さんでちょうど成人式シーズンに発見した店頭ボードです。

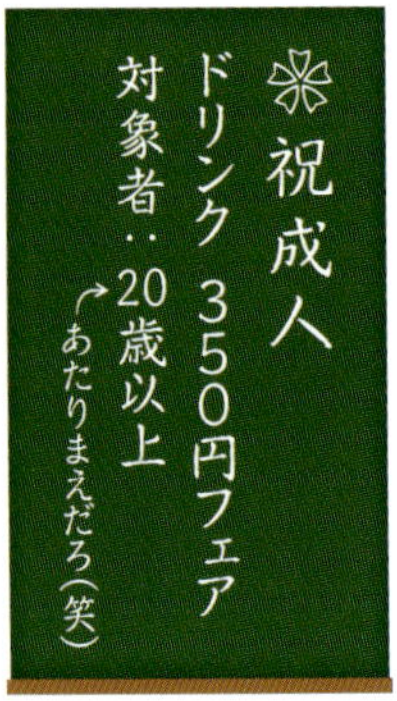
❀祝成人
ドリンク 350円フェア
対象者：20歳以上
あたりまえだろ（笑）

あるホルモン焼肉屋さんの店頭ボードには、「本日　牛ホルモン400円　豚ホルモン300円」と大きく書き、端っこに左図のように書いてありました。

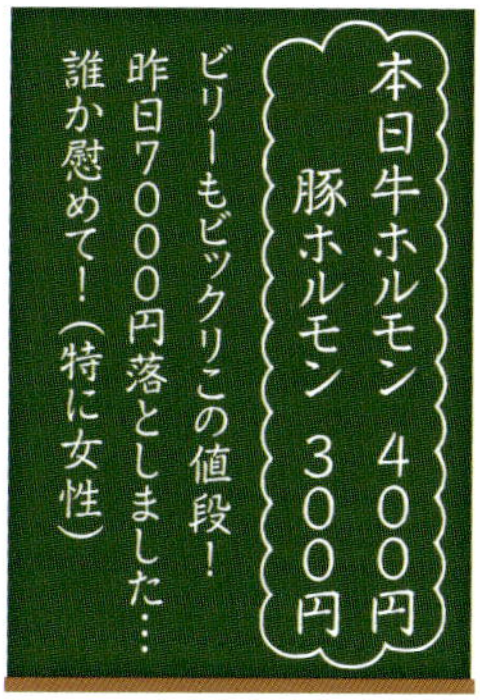
本日牛ホルモン　400円
豚ホルモン　300円
ビリーもビックリこの値段！
昨日7000円落としました…
誰か慰めて！（特に女性）

爆笑！というわけではありませんが、「クスッ」と笑いを誘い、店内の明るい雰囲気をイメージさせてくれます。

　こうした店頭ボードは、高級店やシックな雰囲気がウリというお店では、騒がしそうな印象を与えてしまう恐れもありますが、「元気がウリ！」のお店ならば試してみるとよいでしょう。

・集客力がアップするアイディア

3 ちょっとお役立ち

お客様にとって「便利」「役に立つ」というエッセンスを店頭ボードにプラスすると、より注目を集めることができます。

　大仏で有名な神奈川・鎌倉にも、こうしたお役立ちをプラスした店頭ボードを掲げているお店がありました。

　ちょうど観光ストリートにある酒屋さんなのですが、店頭に「鎌倉マップ」と称して数枚の周辺地図を貼り、さらに「大仏へ2分」「海岸へ10分」といった具合に、お店から各名所への時間を記した紙を貼っていました。

　もちろん、それだけでは単なる観光地の親切なお店で終わってしまいますが、この場合は、地図からちょっと目を落とした場所に、「地ビール1本　鎌倉のお土産に」というコピーとともに、商品のビール瓶が積まれていました。何とも巧みなテクニックですね。

　取扱商品が競合店と大差ない場合、とりあえず、お客様の足を止められるかどうかが重要になってきます。消費者としては、「何を買うか」以上に、軒を連ねるお土産店の中で「どのお店で買うか」を迷うことが多いものです。お客様の足さえ止められれば、そのついでに「せっかくだから1本買って行こうか！」となる可能性が高まります。

・集客力がアップするアイディア

4 外人さん、いらっしゃい！

「All Staff Speak English」（スタッフ全員、英語を話せます）

「We prepare for an English menu」（英語メニューを用意しています）

このような英語の店頭ボードをよく見かけます。

しかし、しばしばニュースでも取り上げられていますが、最近では中国や韓国の方々が多数来日し、凄まじい購買力を見せています。

今後は英語だけでなく、中国語・韓国語に対応した店頭ボードやメニューブックを用意したり、それらの語学を勉強したりといった取り組みも商売繁盛の近道になるでしょう。

こうした取り組みは、他店より先にはじめてこそ、一歩抜きん出ることができます。

また、今は誰でもネットで情報発信ができる時代です。もしかしたら、店を訪れてくれた外国人のお客様が、「外国人でも安心して訪れることができる、おすすめのお店」として、ブログなどで紹介してくれるかもしれません。

・集客力がアップするアイディア

5 クレジットカードOKをアピール

個人経営の小規模店に入ると気になるのが、クレジットカードの使用可否です。

特に、お寿司屋さんは、値段が時価となっていたり、そもそも何も明記されていない場合があります。内心ヒヤヒヤしながら注文した経験がある方も、多いのではないでしょうか。

けれど、お客様にしてみれば、食事をする前から「クレジットカード使えますか？」と聞くのも、少々格好悪いなぁというのが本音です。

また、私の友人には、マイル

やポイントを貯めたいからクレジットカードが使えないお店は絶対に利用しないという人もいます。そのため彼女は、「クレジットカードで支払えるかどうか」をお店の選択基準にしているほどです。

そこで、あらかじめ「各種クレジットカード使えます」と店頭ボードでアピールしておけば、お客様に安心して入店してもらえますし、クレジットカード派のお客様を逃すこともありません。

（都寿司／東京都中央区）

ホテルや病院のように急に利用する可能性のある場合や、マッサージのように、ちょっと時間が空いたから利用しようというようなお店も、カード利用可のステッカーを貼ってアピールするとよいでしょう。

集客力がアップするアイディア

6 ユラユラさせてみる

店先で風に揺れて、ハタハタと動くノボリって目立ちますよね。

人には、動いているものをつい目で追ってしまう習性があるため、店先で風に揺れているノボリは効果的なのです。

しかし、想像してみてください。

ミシュラン3ツ星の高級フランス料理店の前で「営業中」などというノボリが揺れていたらどうでしょう。何とも不釣合いだと思いませんか？

ノボリは「庶民的」「安売り」という印象が強く、そうしたイメージをつけたくないお店には不向きです。

そこでノボリの代用を考えてみましょう。

ある和食料理店では、イーゼルタイプの店頭ボードに上品なベージュの布を巻きつけ、布を下に垂らすことで、風による動きを出していました。

　こうして認知率を高めると同時に、ワンランク上の上質な雰囲気の演出にも成功していました。

　また、あるギャラリーでは、店頭ボードに風船を糸で結び付けていましたが、まるで小さいアドバルーンのようで、とても目立っていました。

　例えば、家電量販店が店頭のクーラーや扇風機に付けているような、ビニールセロファンでもかまわないのです。店頭に動きを出すということを一度、試してみてはいかがでしょうか。

集客力がアップするアイディア

7 ご近所づきあいしてみる

　皆さんは、自店の近くにあるお店の店長さんと、話したことがありますか？　もし、話したことがない、そもそもどんな人なのかもわからない……ということなら、一度、ご挨拶にうかがってみてください。

　インターネットのリンクという機能をご存知でしょうか。

　あるサイトから別のサイトへワンクリックでアクセスできるように、サイト同士をつなげることです。要はインターネット上にお友達をたくさん作ること、と考えてください。

入口が多いほうが、四方八方からお客様の来店を見込めるように、たくさんのお友達がいれば、そのお友達のサイト経由で自分のサイトに来てくれるお客様が増えます。

逆に、自分のサイトからお友達のサイトに行く人もいるでしょう。

さて、現実社会での〝ご近所リンク〟の活用法について、いくつかご紹介したいと思います。

例えば、営業時間帯が違っていて、自店が営業しているときに閉めているお店が近所にあったならば、シャッターが降りているときは店先に店頭ボードを設置させてもらうのです。

そして、自店の営業時間外には、そのお店のボードを置いてあげるという方法です。

自店の店先だけに置くよりも、いろいろな場所に置いたほうが、当然、人の目に触れる機会も多く、集客には効果的です。

このようにさまざまな場所に置くことができれば、ボードは自店の立地的悪条件さえ打破してくれるかもしれません。

また、自店と顧客対象が似ているお店とのリンク、という方法もあります。例えば、エステサロンだったら、顧客対象の女性が多く訪れそうなカフェやネイルサロン、雑貨屋さんへ、店頭ボードのリンク依頼をしてみるとよいでしょう。

このように、まずは店の近辺まで来てもらうために、周辺のお店と協力するのです。

上手にWin・Winの関係を構築し、お互いが繁盛して活性化すれば、さらにお客様が集まってきてくれるでしょう。

・集客力がアップするアイディア

8 「商売臭さ」を消してみる

これは私が街を歩いていて、思わず引き付けられたフレーズです。

【今月の食べてほしい！】

「当店人気ナンバー1メニュー」「オススメ商品」などとい

うフレーズはよく見かけます。

しかし、「今月の食べてほしい！」というフレーズのほうが、商売であることを思わず忘れさせ、書いた人が純粋にオススメしているように感じられませんか？

これはネット通販に精通したIT会社の方から聞いたのですが、「人間とは、人間から買うもの」であり、「どんなにネットやシステムが発達しても、最後は人間力」なのだそうです。ネットの最先端にいらっしゃる方の言葉だけに、確かな説得力を感じました。

ぜひ、「○○してほしい」という人間味を感じさせるフレーズを、試してみてください。

・集客力がアップするアイディア

9 「今日のスタッフ」をブランド化

以前、渋谷109にいる「カリスマ店員」が話題になりました。服を買いに行くのではなく、カリスマ店員に会いたいからショップへ足を運ぶ女の子もたくさんいたものです。

商品やサービスだけでなく、スタッフもお客様を呼び寄せる力をもっています。

「あのバーテンの作ったカクテルが好きだから」と、そのスタッフがいる曜日に合わせて来店する人もいます。

そこで、例えば「今日のスタッフ」として、店頭ボードで、その日勤務しているスタッフを紹介してみてはどうでしょうか。

もしかしたら、あるスタッフの名前を出している日は売れるのに、あるスタッフの日には売上が伸び悩むという事態が起こるかもしれません。

しかし、それはお客様の率直な評価なのです。伸び悩むスタッフをフォローすることで、お店全体のレベルアップにもつなげられるのではないでしょうか。

集客力がアップするアイディア

10 殺し文句を現場から集める

百貨店で販売員として働いたことがありますが、当時、モンスター級にヒットしたレディースサンダルがありました。飛ぶように売れるので、一日にそのサンダルを何足も接客販売することになります。

何度も何度も接客しているうちに、「このフレーズをいうと、お客様は商品を買ってくれるなぁ」という、まさに一撃必殺の殺し文句がわかってきました。

このときは3フレーズありました。

「ヒールが高く、華奢なデザインなので、足を細く、キレイに見せてくれます」

「スワロフスキー社のラインストーンを使用しているので、他製品に比べて、輝きがまったく違います」

「甲の部分にストラップがついているので、キレイなだけでなく、他のサンダルよりも、ずっと履きやすいです」

こういった魅力を謳うフレーズは、どんな商品にもあるものです。それを店頭ボードに書いてみましょう。

店頭ボードは店長の分身ですから、店長の想いを込めるべきです。しかし、実際に日々、お客様に接しているスタッフのほうが、お客様を引き付ける「強い言葉」を知っている可能性もあります。

スタッフに店頭ボード作りを任せてしまってはいけませんが、スタッフからの意見を取り入れると、より強力なボードを作れるかもしれません。

集客力がアップするアイディア

11 モッチモチ！ふわふわ！で感覚に訴える

言葉に関するテクニックをもうひとつ、ご紹介します。

人は、イメージがわきやすい擬態語に弱いものです。

例を挙げましょう。

A「肉まん」
B「ホカホカの肉まん」

A「みたらし団子」
B「もちもちのみたらし団子」

右図のAとBを比べてみて、どうでしょう。Bのように、たったワンフレーズ付け加えるだけで、かなり変わりますよね。

他にも、ぷにゅぷにゅ・すべすべ・ピカピカ・ピチピチ・ぷりぷり・ぽかぽか・ぷるんぷるん・ホックホク・コリコリ・つるつるなどもあります。

ぜひ、あなたのお店の商品に合う、効果的な擬態語を加えてみてください。

集客力がアップするアイディア

12 でこぼこ立体化作戦！

あるカフェの店頭ボードを見たときに、なぜか「アレ？」という違和感を覚えました。

大きめのブラックボードを用いて、美味しそうなデザートの写真とメニューを紹介し、ステッカーを貼って、かわいらしいイラストがあしらわれていました。

しかし、それを抜きにしても、とても気になるのです。

よくよく見ると、数種類あるデザートの写真は、写真サイズぴったりに切り抜いた、厚さ1センチ程度の発泡スチロールの上に貼られていたのです。

こうすることで、美味しそうなデザートの写真が浮き出て見

(Grandma's GEORGES／東京都渋谷区)

え、目の中にパッと飛び込んできたのです。

さらにこのボードには、発泡スチロールの台の上に貼られている写真と、そうではない写真があり、それがまた立体感・メリハリの演出につながっていました。

ちょっとした工夫ですが、意外に目に付きます。ぜひ試してみてください。

集客力がアップするアイディア

13 チラシと連動させる

CHAPTER2にて、店頭ボードと案内チラシを連動させることで、「興味はあるけど、今日は無理」というお客様の次回来店の可能性を高められると述べました。

しかし、ただ店頭ボードにチラシをくくり付ければよい、というわけではありません。チラシは「もって行きやすい」状態に仕掛けなくてはなりません。

絶対に避けたいのは、お客様をかがませること。路上でのティッシュ配りのように、人から差し出されても受け取らない人がいるくらいです。通りすがりのお客様は、想像以上に面倒くさがりだということを、まず念頭に置いてください。

少しでも手間をかけないように、チラシは腰の高さあたりに設置するよう心がけましょう。

さらに、「本日の割引チケットはこの箱の分で終了です！」などと書くと、より気になってチラシをもって行ってくれるかもしれませんね。

集客力がアップするアイディア

14 うんちくをたれてみる

ある占い屋さんの店頭ボードには、大きな手の平のイラストが描かれていました。そのイラスト上で、どのラインが感情線や運命線、結婚線であるかを解説しているのです。思わず立ち止まって、自分の手相と見比べてしまいました。

また別の占い屋さんでは、「今

月の運勢　開運チラシをおもちください」という貼り紙とともに、チラシを備え付けていました。これもまた引き寄せられ、チラシをもち帰ってしまいました。

このように、プロだから知っているミニ知識を店頭ボードでレクチャーしてあげることも、お客様の足を止めるテクニックのひとつです。

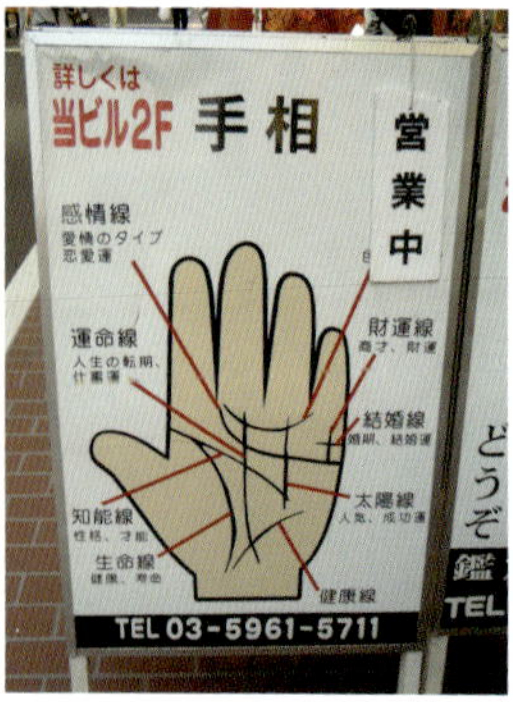

（高嶋易断聖宝閣／東京都豊島区）

難しい話は敬遠されますが、ネタになるようなちょっとした雑学や知識は歓迎されます。

あなたの業種・業界ならではのうんちくを披露する店頭ボードを作ってみると、効果があるかもしれません。

・集客力がアップするアイディア

15 斜めに傾けてみる

店頭ボードを目立たせるために、斜めに置くという方法があります。

本来、地面と平行・垂直にあるべきものとして認識されている店頭ボードだけに、「あれ？」と目を引くことができるのです。

下の写真のように、ただ斜めに貼り付けるだけで、とても目立ちます。このお店は鉄板焼き屋さんなのですが、鉄板に文字を書き、ボードに斜めにくくり付けています。

あえて傾けることで、アンバランスを演出し、注目を集めることができます。

日替わりメニューや特別品を紹介するために、店頭ボードの上にA４チラシを貼り付けているケースを見かけますが、これ

（TAMM／東京都目黒区）

もあえて斜めに貼ってあげると、もっと人目を引くことができるでしょう。

・集客力がアップするアイディア

16 あなたのために…

お店側からすると、たくさんのお客様に来てほしいので、なるべく多くの人にアピールしようと考えます。

しかし、その反対にターゲットを絞り込むことで、多くの人の目には留まらなくても、〝たった一人には必ず選んでもらえるボード〟を作ることができるかもしれません。

おばあちゃんの原宿として有名な東京・巣鴨の飲食店で、ターゲットを絞ったメッセージを発見しました。

「おばさまランチ」です。

「おばさまランチ」というメッセージでは、子どもや若い女性、男性を呼び込むことはできないかもしれません。

しかし、「おばさま」の注目は確実に集められます。

また、さらに勇気があるなと感心したのが、原宿・竹下通りのカフェです。

（割烹　加瀬政／東京都豊島区）

そのカフェの店頭ボードには、「竹下通り、唯一大人が入れるお店」というコピーが書かれていました。

竹下通りといえば、若い子が多く、大人はあまり見かけません。つまり、顧客になりうる大人の絶対数が少ないにもかかわらず、あえて「大人のお店です」と打ち出しているのです。これは、なかなかできないことです。けれどそれだけに、ターゲットに強くアピールすることに成功しています。

といっても単にターゲットを絞ればよいわけではありません。お客様の潜在ニーズを刺激しなければ意味がないのです。実際に私自身も「竹下通りには入れるお店がないなぁ」と困っていたひとりです。だからこそ、このカフェには引かれました。

　お客様の潜在ニーズをきちんと読み取った上で、ターゲットを絞り込んでみてはいかがでしょうか。

集客力がアップするアイディア

17 人とのコラボ

　店頭ボードに写真が貼られていたり、イラストが描かれていると、文字だけのものより目に留まりやすくなります。特に人の顔写真や人間のイラストを付けると、さらに目立ちます。

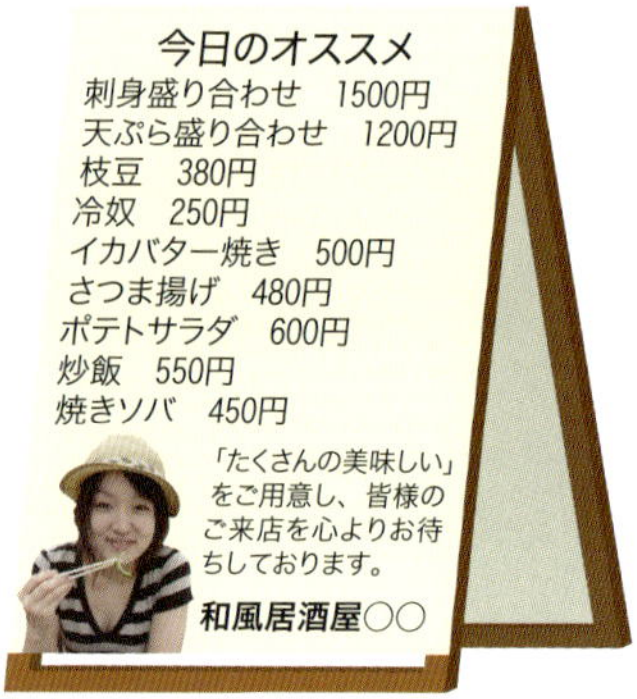

目が引き付けられるのはどちらですか？

　アメリカの店頭ボードのルーツは、開拓時代にタバコ屋の店先に置かれた、インディアン人形だったといわれています。昔から人間は付近に人間がいると、ついつい注目してしまう傾向があるのです。

　上図をご覧ください。

　左は楽しそうに食べている人物の写真、右は料理の写真だけが貼られています。目が行きやすいのは、どちらかというと左のボードですね。親しみやすさを感じ、来店までのハードルがぐっと下がります。

　とはいえ、人間の写真だけをペタペタと貼って通行人の注目を集めても、「どんな商品・料理を扱っているのか」という情報がないボードでは、意味がありません。親しみやすいイメージと基本情報を組み合わせて使うとよいでしょう。

　ちなみに、これは番外編として紹介しますが、実際の人形を置く方法もあります。

　ある銀座のバーでは、店頭にマネキンを置き、きちんとアイロンがかけられたYシャツにズボン、ネクタイ、そしてロングのギャルソンエプロンを着せていました。さらに手は前で組むように交差させてあり、一瞬、ボーイさんが入口で迎えてくれているようで、つい注目してしまいました。

（noggi／東京都中央区）

集客力がアップするアイディア 18
あえて、店頭ボードは出さない！

例えば、給料日直後の金曜日。ありがたいことに、満席になることも多いでしょう。

　よく「本日は満席です」という店頭ボードを掲げているお店を見かけます。これは、お客様にとってはいちいち入店して、「席は空いていますか？」と聞く手間を省くという点で非常に親切です。

　しかし、あえて何も掲げないというのもひとつの手法です。

　でも、それでは席が空いていると思って入ってくるお客様がいて、無駄足を踏ませることになって申し訳ない、とお思いになるかもしれません。

　けれど、その際に

「せっかく来て頂いたので、お詫びの気持ちです」

と、次回使える特別な割引券を渡したらどうでしょうか。

　店頭ボードで来店をお断りするほうが親切だし、手っ取り早いかもしれませんが、丁寧な対応と一緒に割引券を渡したほうが、次回来店の確率を上げられると思います。

おわりに

さて、これまで店頭ボードのメリット・デメリット、そして使いこなすためのさまざまな方法を紹介してきましたが、もうひとつだけ、お伝えしたいことがあります。

それは、**「作成した店頭ボードは必ず、写真で残す」**ということです。

「確か、前はこんな感じのボードを作ったはず……」と、記憶に頼るのではなく、日付や天気とともに、ブログや日記のようにきちんと記録してください。

さらに、その**写真と売上データを照らし合わせてみましょう。**

「このボードのときは、新規のお客様が多いな」「このボードはあまり集客効果がないな」と、自店のお客様に好まれるボードのタイプがわかってくるはずです。

そうすることで必ず、売上アップのコツ、店頭ボードを使いこなすコツが掴めるようになるでしょう。

最後に巻末付録として、街中で見つけたアイディア・ボードを紹介します。街中には、素晴らしいボードがたくさん溢れています。

みなさんもぜひ、積極的に街を歩いて研究をし、さらに売上を伸ばしていってください。

著者

巻末付録　業種別ボードアイディア

ファッション・雑貨

親しみやすいコピーや身近な話題に、つい足がとまります。

carcru omotesando
東京都渋谷区

ジカンスタイル - 表参道店
東京都渋谷区

美容・マッサージ

ワンポイントのおすすめが、女心を引き付けます。

ラフィネ　アメ横店
東京都台東区

ジュリークショップ白金台
東京都港区

コンビニ

同じチェーン店でも、ボードひとつでこんなに個性を出せるんです。

ナチュラルローソン　神保町メトロピア店
東京都千代田区

ナチュラルローソン　目黒青葉台一丁目店
東京都目黒区

カフェ・レストラン

自店ならではの雰囲気を伝える一工夫が光ります。

café de 武
東京都渋谷区

ジョリーキッチン
東京都江東区

café de 武
東京都渋谷区

café de 武
東京都渋谷区

スイーツ

いずれも素敵な店内が連想される店頭ボードですね。

La Farine
東京都港区

ロワゾー・ド・リヨン本店
東京都文京区

ゼストキャンティーナ 恵比寿店
東京都渋谷区

PRONTO 茅場町店
東京都中央区

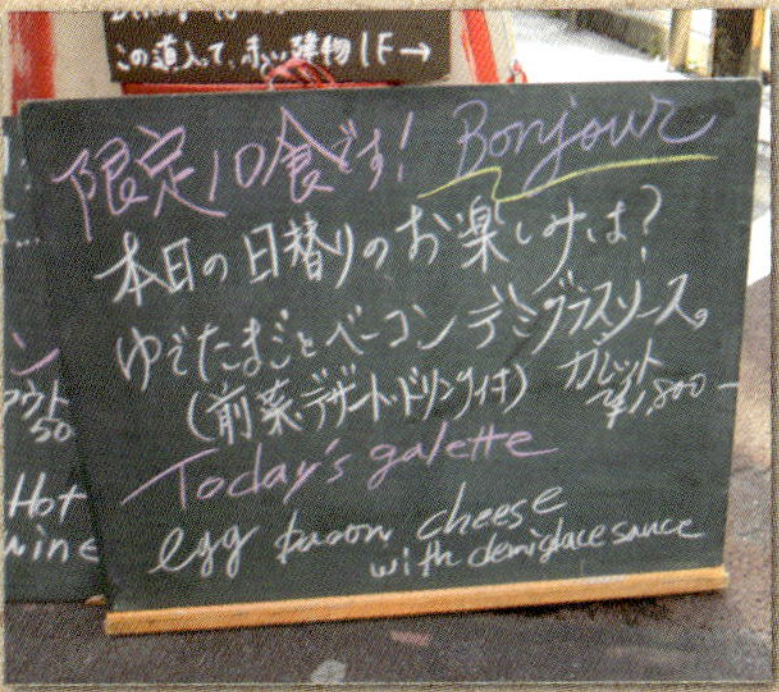

La Fee Delice
東京都渋谷区

La Fee Delice
東京都渋谷区

パティスリー ISOZAKI 門前仲町店
東京都江東区

パティスリー ISOZAKI 門前仲町店
東京都江東区

居酒屋・バー〈スタイリッシュ編〉

メニューの温度が伝わる言葉・写真・イラストに、お客様は引き寄せられます。

おしお ATARU店
東京都中央区

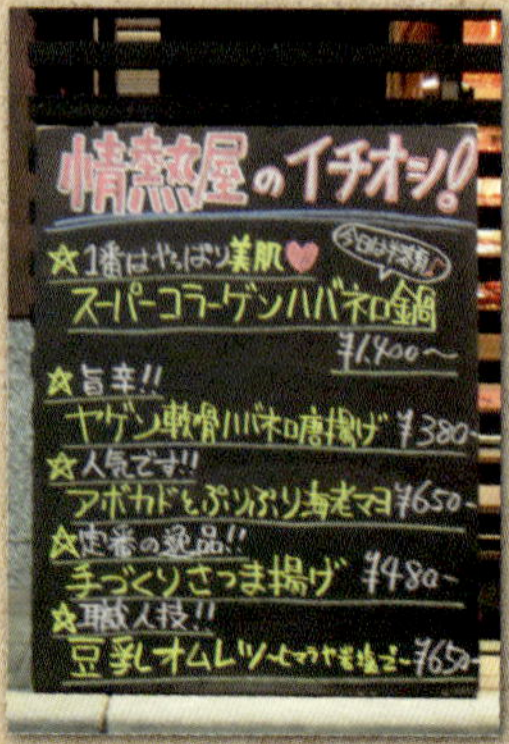

旬の炙りと大豆料理 情熱屋
東京都江東区

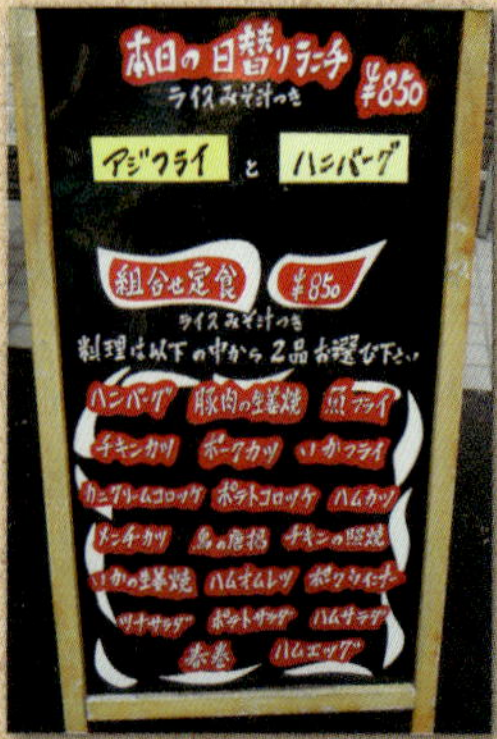

TAMM
東京都目黒区

TAMM
東京都目黒区

JSレネップ
東京都千代田区

Cafe & bar VIBE
東京都渋谷区

Wine&Bistro QUADRELLA
東京都中央区

Wine&Bistro QUADRELLA
東京都中央区

HUB 日比谷店
東京都千代田区

HUB 日比谷店
東京都千代田区

BISTRO jeujeu
東京都中央区

JSレネップ
東京都千代田区

居酒屋・バー〈和風編〉

お店の方の、料理・お酒へのこだわりが伝わってきます。

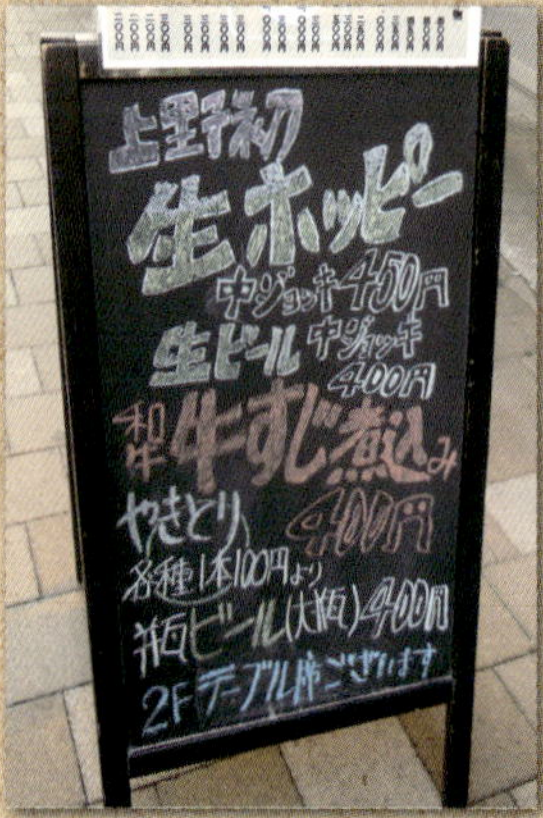

立ち呑みさいごう
東京都台東区

立ち呑みさいごう
東京都台東区

某店
東京都江東区

祭や
東京都中央区

あなごや吉五郎
東京都中央区

火の国酒屋　霧島　日比谷店
東京都千代田区

中　村　心（なかむら　こころ）
販促・マーケティングライター。「手書き店頭ボード」研究家。
大学卒業後、ファッションメーカーに販売員として就職。そのマーケティング能力が認められ、店長に就任。新規顧客・リピーターづくりで実績をあげる。その後、法人向け商材の通販会社を経て、出版社へ転職。編集者として活躍するかたわら、通販ノウハウを活かし、新聞広告やDM、ホームページ制作も自ら行い、売上増に貢献する。独立後、「本当に売上がアップする販売促進とは」をテーマに、5万店以上の店舗の現場を自らの足でまわる。その中で、"手書きの店頭ボード"がもつ集客力に気づき、繁盛店へと変えるボード作りの研究を続けている。

公式URL：http://www.chanchacapoo.com

店頭《てんとう》〈手《て》書《が》き〉ボードの描《か》き方《かた》・作《つく》り方《かた》

2011年２月10日　初版発行

著　者　中村　心
発行者　杉本淳一

発行所　株式会社日本実業出版社　東京都文京区本郷３－２－12　〒113-0033
大阪市北区西天満６－８－１　〒530-0047
編集部　☎03-3814-5651
営業部　☎03-3814-5161　振　替　00170-1-25349
http://www.njg.co.jp/

印刷／三晃印刷　製本／若林製本

この本の内容についてのお問合せは、書面かFAX（03－3818－2723）にてお願い致します。
落丁・乱丁本は、送料小社負担にて、お取り替え致します。

ISBN 978-4-534-04796-0　Printed in JAPAN

日本実業出版社の本

好評既刊

下記の価格は消費税（5%）を含む金額です。

あなたのお店を応援します！

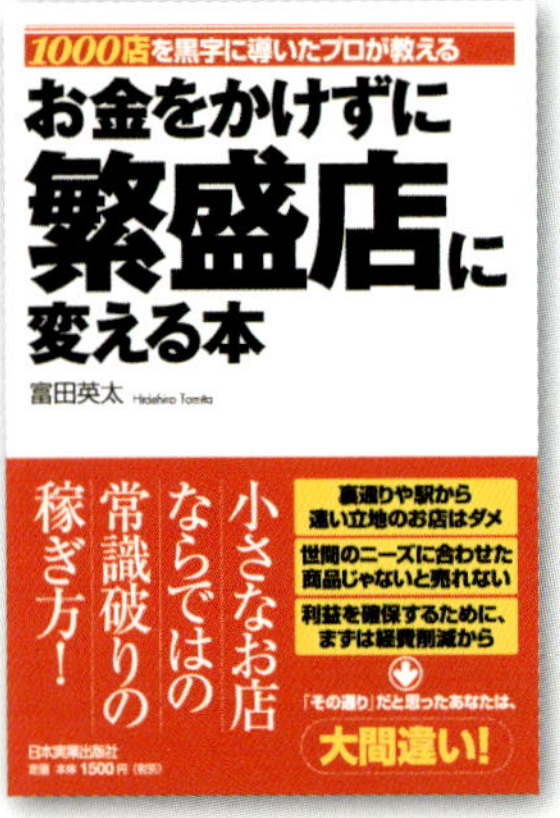

富田　英太＝著
定価1575円（税込）

井澤　岳志＝著
定価1680円（税込）

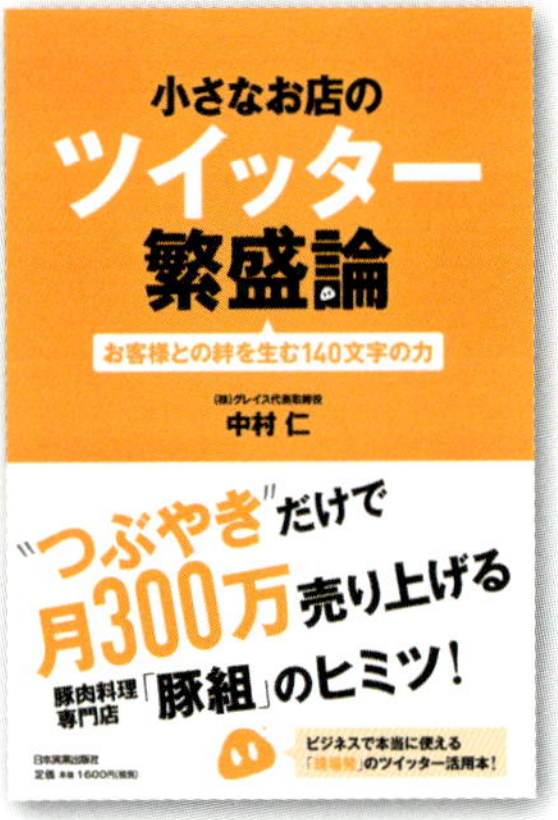

中村　仁＝著
定価1680円（税込）

河野　祐治＝著
定価1470円（税込）

定価変更の場合はご了承ください。